やさい割烹

日本料理の
「野菜が8割」テクニック

目　次

撮影　天方晴子／デザイン　矢内　里／編集　佐藤順子

「野菜が8割」テクニック

日本人の2人に1人は、一生のうちに一度はがんにかかるという統計が発表されました。世界的に日本型食生活が見直されているということですが、和食のよさの一つに野菜や植物性たんぱく質の摂取が多いことが挙げられます。

しかしこれまで野菜が私たちの生活に非常に身近なものであったせいか、肉や魚介にくらべて下に見られがちでした。さまざまな野菜をたっぷり摂ることで、免疫力が上がり、がんにならない健康な身体をつくることができるのは間違いありません。

「野菜はおいしくない」と思われる方に野菜のおいしさを見直してもらうには、私たち料理人が調理プロセスを研究することが大切です。火の入れ方、タイミングなどそれぞれの野菜のおいしさを生かすことがその近道です。（野﨑）

＊なお、表題の「野菜が8割」は正確な野菜の分量を示すものではなく「野菜たっぷり」のイメージを表現した。

＊6頁から206頁までの各解説、および料理解説の文末に、それぞれの担当者を記した。

テクニック1 持ち味と性質を知る

野菜をおいしく調理するためには、まず野菜を知らなければなりません。

同じ野菜でも部分ごとに質が違うのですから、調理法を変えるべきでしょう。根元のかたい部分は細かく刻んだり、すりおろして寄せ物にして食感を生かし、柔らかい葉の部分は生食にするといった具合です。

たとえばダイコン。葉に近い上のほうは甘く、下のほうは辛いといわれていますが、実は皮のすぐ下の網目状の部分から辛みが出るのです。ですからこの部分をむきとってしまえば、下のほうも辛くないのです。

菜ノ花やブロッコリー、キャベツやダイコンなどのアブラナ科の野菜は、含有している酵素成分が加熱によって中で動くと、持ち味である辛みが出てきます。ですから酵素成分を動かす調理法をとればいいわけです。その結果野菜本来の味が出てきて、これがおいしさとなって使用する調味料が少なくてすむようになるので、自然に減塩につながってくるのです。

私たち料理人にとって、美味しい料理をつくることは大事ですが、食材を知るということは、それ以前に大事なことなのです。（野﨑）

テクニック2 カラフルな色を利用する

主役の魚介類や肉類を支える野菜。カラフルな野菜をたっぷり合わせれば、健康的にボリュームアップができます。盛りつけにも彩りが加わってさわやかな印象を与えることができますね。

最近白っぽい器が多くなってきたのは、野菜の色が美しく映えるからかもしれません。野菜を効果的に使うようになって、料理の盛りつけがすっきりと洗練されてきたように思います。

日本料理で野菜を美しくたっぷり使う場合、色どりと分量のバランスが大事です。野菜の分量は主役の魚介の1/3程度でしょう。このときの分量というのは火が通った野菜を使った見た目のバランスです（火を入れる前の生の段階ではもっと多くなります）。

賀茂ナスやエビイモなど、野菜を主役にする料理ならば、魚介や肉は多く使っても1/2どまりでしょう。（野﨑）

テクニック3

共通の薬味で組み合わせる

それでは、どのようにして主役の魚介や肉に相性のよい野菜を選べばいいのでしょうか。まず季節で合わせる。これは一番順当な方法です。旬が合うもの同士を組み合わせれば、間違いはありません。

私は食材の相性を考えるとき、ショウガ、七味、コショウなど薬味を軸にして考えます。例えばショウガ。ショウガが合う食材はナス、豆腐、カツオなどいろいろあります。カツオとナス、カツオと豆腐など、ショウガに合う食材同士は相性がいいのです。

このようにして食材の相性を探っていくのも一つの手です。（野﨑）

テクニック4

水分と旨みを生かす

野菜の特徴の一つに水分と旨みを多く含んでいることが挙げられます。みずみずしい野菜を加えると、料理の食感や味などが和らぐのです。

このような野菜の持ち味を生かすために、魚介や肉類とは別に調理をして合わせます。これは料理屋の仕事ですが、両者を同時に味つけするとしつこくなってしまうからです。

また旨みを多く含む野菜をだしやタレに利用してもいいでしょう。（野﨑）

テクニック5

だしと味つけの強弱をつける

さてだしの強弱はどうでしょう。

旨みの少ないホウレンソウやズイキなどは濃い目にとっただしを使って調理します。しかしカボチャなど甘みのある野菜はだしの旨みが少なくても、充分おいしく食べることができます。イモ類などは、だしを濃くするよりも、少し甘みを加えたほうが上手くいきます。

ゴボウなどのように味がしみ込みにくい野菜は、味がしみるまで煮ると食感が失われてしまうので、まわりに塩分と旨みをからめて仕上げると、持ち味を損なわずに味をつけることができます。（野﨑）

テクニック6

一皿目にサラダを提供する

最近野菜は収穫してから翌日には店に届くようになりました。生産者の方々が栽培方法などに改良を重ねて、生で食べてもおいしい、みずみずしい野菜を使うことができるようになったので、なるべく手を加えずに使いたいと思っています。

たとえば菜の花の下ゆでは、熱湯ではなく80℃の湯でサッとゆでるだけです。塩も加えません。野菜本来の食感と味を生かすことを考えると、必然的に昔の野菜仕事とは少しずつ変わってきます。おいしく野菜を生かすことで、料理の価値を上げることができるようになったのです。

外食は魚介や肉が中心なので、なかなか野菜を多く摂ることができません。ですから野菜を上手に使うと評判がいいのです。「おぐら家」ではコース料理のほかに一品料理も用意しているのですが、最近の健康ブームの影響か、「まず最初にサラダがほしい」というリクエストが多くなったので、新たにサラダを献立に入れました。(堀内)

テクニック7

すりおろす——食感に変化をつける

ダイコンならば鬼おろしでするか、目の細かいおろし器を使うかで、食感が違います。そのまま食べるには多すぎると思える分量でも、おろすと意外に食べやすくなり、魚介や肉によく合うようになります。

切り方を変えても食感が変わります。キュウリの酢の物を例に考えてみましょう。これまでは小口から薄切りにしていましたが、キュウリの青っぽさとシャリッとした食感を生かすにはさいの目に切ったほうがいいと思います。

トマトも以前は刃叩きしてジュンサイなどに合わせていましたが、今ではジュンサイの大きさに合わせて切って、トマトの味と果肉感を生かしています。

すりおろすのではないですが、炊いた野菜を裏漉ししてなめらかにし、だしで割ってすり流しにすれば、野菜をたっぷりとることができます。(堀内)

テクニック 8

ポン酢が合う素材には柑橘類を

魚介類にはポン酢がよく合います。私の経験上、ポン酢が合う素材に柑橘系の果物を合わせると、だいたい上手くいきます。

今回紹介したナマコにキンカンもその一例です。またポン酢と相性のよいアンキモはオレンジで煮ると好相性です。ポン酢と相性のいいものならば、調理法や味つけは問わず、ほぼどんな柑橘類にも合うのではないかと思います。

魚介類や肉類に合わせる野菜選びは、フレンチや中華を参考にすることも少なくありません。長年親しまれてきた料理ならば日本料理に取り入れても違和感がない組合せも多いのです。

私の主観ですが、こんな組合せもいいのではないでしょうか？

タイとカブ
タイと九条ネギ
エビとトウモロコシ（かき揚げに）
ホタテとトマト
ホタテとグレープフルーツ
イカと梅肉
ウニとキュウリ
牛肉とゴボウ
豚肉とダイコン

これまでは焼物などのあしらいには酢レンコンやはじかみなどが定番でしたが、分厚く切ったレンコンを魚と一緒にほっくり炭火で焼いてたっぷり添えたほうが、はるかに喜ばれるようになりました。

仕込んでおいたものよりも、焼きたて、つくりたての野菜料理を添えるほうがご馳走になるのですね。（堀内）

魚介と肉をひきたてる野菜たっぷりのソース

ソースやタレ、ディップに野菜や果物をたっぷり使って魚介類や肉を引き立てるのも、テクニックの一つ。

野菜や果物の持ち味であるみずみずしい食感や香り、自然な甘みをメインの食材に与えることができます。またソースの鮮やかな色は料理に華を添えてくれます。

果物の中で、とくに柑橘類はここ数年さまざまな品種が登場しています。個性のある品種や産地を選び、これを品書きに書き添えると、料理の価値が高まるのではないでしょうか。

またトマトやハクサイなど、旨み成分を多く含む野菜は、ソースに最適です。仕上げたソースがゆるいときは、クセのない油脂やお粥を混ぜて濃度をつけ、逆に水分が少ないときは、水やだしなどで割って調整してください。（江崎）

1 レモンのソース

レモンの酸味と皮の苦みのバランスがとれたレモンそのものを食べているようなソース。（江﨑）

レモン　50g
きび砂糖　30g

1　レモンを丸のまま水から40分間ほどゆでる。

2　串が通るくらい柔らかくなったら取り出して、種とヘタを取り除いてミキサーにかける。つくった直後はかなり苦みが強いが、時間がたつと和らいでくる。濃度は水で調整する。

2 キャロットジンジャーソース

個性のある素材や肉に合わせるときはショウガは多めに、野菜のディップには控えめに。（江﨑）

黄ニンジン　1本
ショウガ　80g〜100g程度
淡口醤油　20cc
胡麻油　30cc
水　100cc

1　黄ニンジンは皮をむいて水からゆでる。ショウガはすりおろす。

2　柔らかくゆでたニンジンとショウガをミキサーに入れて、淡口醤油、胡麻油を加えて回す。濃かったら水でのばす。

3 苺ドレッシング

タコや貝類、葉物やトマトのサラダに合うドレッシング。ピンクの色が美しいソースです。（江﨑）

イチゴ　200g
米酢　10cc
レモンの絞り汁　5cc
太白胡麻油　50cc
メープルシロップ　5〜10cc
（イチゴの糖度により調整）

1　イチゴはヘタを取ってミキサーに入れる。その他の材料を加えて回す。

4 キュウリのソース

すりおろしたキュウリは汁と果肉を別にし、汁に味をつけてから合わせると、均等に調味料が混ざります。（江﨑）

キュウリ（すりおろし）　2本
米酢　60cc
レモンの絞り汁　10cc
ユズの絞り汁　10cc
太白胡麻油　130cc
塩　1つまみ
メープルシロップ　30cc

1　キュウリのすりおろしをザルで漉す。キュウリの青い汁に米酢、レモンとユズの絞り汁、太白胡麻油、塩、メープルシロップを加えてよく混ぜる。

2　最後に粗くおろしたキュウリの果肉を混ぜる。

5 キクイモのペースト

キクイモは甘みのある根菜。ペーストにしておけば、液体でのばして、すり流しや各種ソースに利用できます。（江﨑）

キクイモ　1kg
玉ネギ、ニンジン
（ともに薄切り）　各30g
太白胡麻油　適量
塩、淡口醤油　各適量

1　キクイモは皮をむいて、適宜に切っておく。

2　キクイモを鍋に移して水を注いで火にかける。スッと串が通るくらい柔らかくなったら、おか上げする。

3　フライパンに太白胡麻油をひいて、玉ネギとニンジンをしんなりするまで炒める。色はつけないように注意。

4　2と3、塩と淡口醤油、少量の太白胡麻油をミキサーに入れて回し、ペーストをつくる。

6 夏みかんのドレッシング

クセのない太白胡麻油で夏ミカンのさわやかさを強調してコクをつけました。魚介類によく合います。（江﨑）

夏ミカンの絞り汁　100cc
太白胡麻油　80cc
塩　小さじ1／2

1　夏ミカンを絞って果汁をとり、ボウルに入れる。ここに太白胡麻油を少量ずつ加え泡立て器で攪拌し、塩で味をつける。

7 柚子ドレッシング

ユズの絞り汁にレモンや酢を加えると、ユズが持つ独特の風味がさらに引き立ってきます。（江﨑）

酢　20cc
太白胡麻油　100cc
レモンの絞り汁　10cc
ユズの絞り汁　100cc
塩　適量
砂糖　少量

1　酢と太白胡麻油でドレッシングのベースをつくっておく。
2　提供時にレモンとユズの絞り汁を加え、塩と砂糖で味を調える。

8 サンショウの三杯酢

サンショウ入り三杯酢。サンショウの香りは貝類全般によく合うので貝の酢の物に。（江﨑）

米酢　7.5cc
砂糖　小さじ1
淡口醤油　5cc
味醂　10cc
粉ザンショウ　適量

1　酢に塩、砂糖、濃口醤油、味醂を加えてよく混ぜて三杯酢をつくる。
2　提供時に粉ザンショウを加える。

9 クレソンのソース

クレソンの独特の苦みと甘みが、クセのない太白胡麻油によって、バランスよく和らいでいます。（江﨑）

クレソン　100g
塩　適量
淡口醤油　3cc
太白胡麻油　20cc

1　クレソンの葉をサッと塩ゆでし、水にとって色どめをし、水気を絞る。
2　ミキサーに**1**のクレソン、淡口醤油、太白胡麻油を入れて回す。

10 ハクサイソース

ハクサイは旨みをたっぷり含んでいる水分の多い野菜。蒸し野菜にも、蒸したり焼いたりした白身魚にもよく合います。（江﨑）

ハクサイ　100g
玉ネギ　20g
太白胡麻油　50cc
菜種油　全体の3割
淡口醤油、塩　各適量

1　ハクサイを熱湯でゆでて水気をきって適当な大きさに切っておく。玉ネギも同様に切る。
2　ハクサイと玉ネギは、太白胡麻油で色づかないようにしんなりするまで炒める。ここに浸るくらいの水を加えてくたくたに柔らかくなるまで煮る。
3　**2**をフードプロセッサーにかける。途中で菜種油を少しずつ加えながら回して濃度をつける。淡口醤油と塩各適量で味を調える。

11 肝とアスパラのソース

アワビの肝にアスパラガスを加えて、肝のクセを和らげました。個性を和らげるという野菜の利点を生かしました。（江﨑）

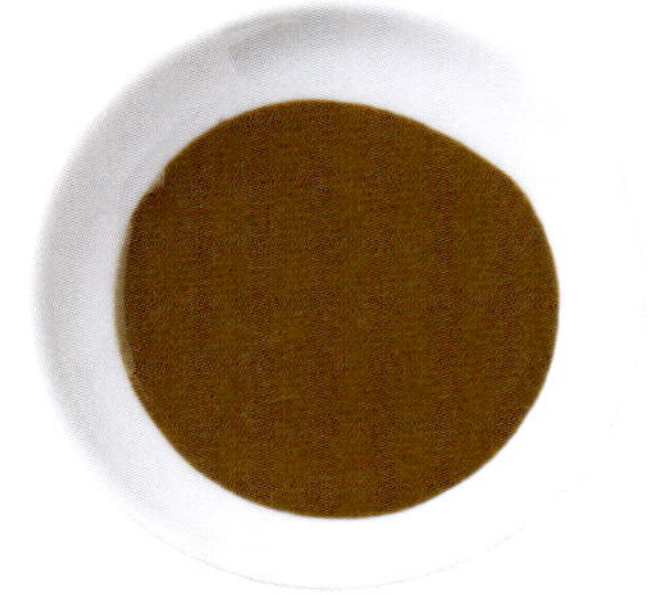

アワビの肝（蒸したもの）　10個分
だし　50cc
太白胡麻油　50cc
グリーンアスパラガス（ボイル）　2本分
濃口醤油、味醂　各適量

1　蒸した肝を裏漉しし、だし、太白胡麻油、ゆでたアスパラ（根元近くのかたい部分）をミキサーに入れ、濃口醤油をたらして回す。甘さが欲しかったら味醂を少量加えてもよい。

2　提供時小鍋に取り分けて温める。

12 生海苔のソース

生海苔は海水を含んでいるので、塩分に注意。また熱を加えると紫色がかってしまいます。（江﨑）

生海苔　200g
太白胡麻油　50cc
淡口醤油　10cc
塩　少量

1　材料をすべてミキサーに入れて回す。

13 ワカメのソース

ワカメ独特の粘りと旨みが特徴。種類を問わず魚介類全般に合うソース。（江﨑）

ワカメ　100g
調味液（だし8：太白胡麻油1：濃口醤油0.8：味醂1：日本酒0.3）

1　ワカメを水で戻す。熱湯をかけて色だしをする。すぐに氷水にとり、冷めたら水気を絞る。布巾で水気をふく。

2　**1**のワカメ、調味液を適量入れてミキサーにかける。やや繊維が残るくらいでよい。

3　提供時、熱したフライパンに取り分けて温める。

14 梅肉ソース

梅干は塩だけで漬けてあるものを選び、煮きり味醂とだしを加えて味を和らげました。濃度調整はだしで。（江﨑）

梅干　10個
淡口醤油　5cc
煮きり味醂　10cc
だし　適量

1　梅干の種を取り除き、裏漉しする。

2　淡口醤油と煮きり味醂を加えて味を調える。だしを加えて濃度を調える。

15 トマトのソース

糖度の高いフルーツトマトを使用しているので、濃厚な甘酸っぱさがあります。デザートソースにも。（江﨑）

フルーツトマト
淡口醤油　数滴
塩　少量

1　フルーツトマトをくし形に切って鍋に入れ、少量の水を加えて火にかける。柔らかくなる直前で火からおろして冷ます。ここで冷ますことで一層糖度が増す。

2　**1**をミキサーにかけて裏漉しする。淡口醤油を数滴たらして香りをつけ、かくし味に塩を少量加える。

16 ローズヒップとハイビスカスのソース

華やかな色のソース。フレッシュサラダ（カブやビーツ、キュウリやセロリなど）に添えて。（江﨑）

ローズヒップ（ドライ）　10g
ハイビスカス（ドライ）　10g
水　400cc
菜種油　50cc
メープルシロップ　20cc
リンゴ酢　30cc
粉ゼラチン　5g

1　水を沸かし、ローズヒップとハイビスカスを入れて煮出して漉す。
2　菜種油、メープルシロップ、リンゴ酢を加えて味を調える。
3　この抽出液500ccに対して、水で戻した5gの粉ゼラチンを溶かしてとろみをつける。

17 赤紫蘇シロップ

炭酸や水、アルコールで割ってジュースやカクテルにしてもいいし、赤いシロップとして利用してもインパクトがあります。（江﨑）

赤ジソ　600g
水　2リットル
キビ砂糖　300g
レモンの絞り汁　100cc
ユズの絞り汁　50cc
粉ゼラチン　シロップ500ccに対して5g

1　赤ジソは茎をはずす。葉のみを鍋に入れ、水を注いで強火にかける。沸いたら10分間煮出したのち、漉す。
2　赤ジソをしっかりと絞り、漉しとった赤ジソ汁にキビ砂糖を加えて火にかける。
3　強火で5分間ほど煮詰めて火を止め、レモンとユズの絞り汁を加える。その瞬間に色が鮮やかに変わる。
4　**3**に水で戻した粉ゼラチンを溶かして冷やしておく。

18 スイカのソース

一見トマトのソースのようですが、実はスイカ。サクサクとした歯応えのよさと甘みが特徴。（江﨑）

スイカ（さいの目切り）　150g
新玉ネギ（みじん切り）　50g
赤、黄パプリカ（あられ切り）　各少量
ライムの絞り汁　20cc
青トウガラシ（みじん切り）　小1本分
大葉（みじん切り）　5枚
ミント（みじん切り）　10枚
パセリ（みじん切り）　0.5本
ハチミツ　10cc
米酢　10cc
オリーブ油　40cc
塩　1つまみ
淡口醤油　5cc

1　スイカ、新玉ネギ、パプリカを合わせて、ライムの絞り汁、辛みの青トウガラシ、大葉、ミント、パセリを混ぜる。
2　ハチミツ、米酢、オリーブ油を泡立て器で攪拌してよく混ぜ、塩、淡口醤油で味をつける。
3　**2**を**1**に入れてさっくりと混ぜる。

19 赤万願寺ソース

淡い甘みがあり、魚介類との相性がよいのが特徴。退色しにくいので盛りつけのアクセントやディップにも。（堀内）

赤万願寺トウガラシ　200g
サラダ油　適量
塩　小さじ1
だし　150cc
淡口醤油　10cc

1　万願寺トウガラシの種を取り、ざく切りにしてサラダ油で炒める。
2　しんなりしたらだし、塩、淡口醤油を入れてしばらく煮て火を入れる。
3　これをミキサーにかけてソースとする。

20 クレソン餡

クレソンの軽い苦みと緑色が料理のアクセントに。お粥で濃度をつけて、絡みやすくしました。（野﨑）

クレソン　15g
お粥　100g
水　25cc
塩　小さじ0.5

1　クレソンの葉を熱湯でゆでる。
2　冷水にとって水気を絞って、すり鉢でなめらかにする。
3　お粥、水、塩を加えて味を調える。

21 ナスの皮ソース

本来捨てる部分のナスの皮には、旨みや栄養素がたっぷり含まれています。牛肉や魚介に合わせてください。（堀内）

ナスの皮
サラダ油
だし　12
味醂　1
濃口醤油、淡口醤油　各0.5

1　ナスはヘタを落とし、皮を桂むきの要領でむいてせん切りにする。果肉はここでは使用しない。
2　フライパンにサラダ油をひいて、ナスの皮を炒める。
3　**2**にだし、味醂、淡口醤油、濃口醤油を表記の割で合わせて適量を加えて味をつける。
4　火が通ったらフードプロセッサーにかけてなめらかにする。

22 ずんだ和え衣

ここではエダマメの粒感を生かしましたが、なめらかにすって用いてもいいでしょう。きれいな緑色なので、料理に映えます。（堀内）

エダマメ
塩、淡口醤油

1　エダマメはボウルに入れて塩でもんで、表面の産毛や汚れをこすり落とす。鍋に湯を沸かし、塩を少量入れてエダマメを柔らかくゆでる。盆ザルに上げて塩をふって粗熱をとる。サヤからマメを取り出し、薄皮をむく。
2　エダマメをすり鉢に入れてすり潰す。マメの食感を生かしたいので、粗い粒状を残しつつ、すり潰す。一部粒のまま混ぜる。
3　塩、淡口醤油を各少量ずつ加えて味を調える。

第1章 野菜別料理集

*材料欄で単位記号のついていない分量は割合を示す。

〈野菜〉

ハマグリのリゾット 紅菜苔と小松菜のサラダ 苺ドレッシングで

米　0.5合
無塩バター　10g
ハマグリ　2個
水　適量
三ツ葉　適量
淡口醤油　適量
紅菜苔（コウサイタイ）
コマツナ
苺ドレッシング（↓12頁）

ハマグリだしは味が強いので、リゾットを炊くさいはカツオだしで割って調整する。フルーツでつくるドレッシングは、香りが飛びやすく変色しやすいので、使用する直前につくりたい。（江﨑）

1　リゾットを仕込む。米は洗わずそのまま使う。鍋にバターを入れて溶かし、米を弱火〜中火で炒める。米が色づかないような火加減で炒める。

2　同時にハマグリを蒸し煮にする。鍋によく洗ったハマグリを入れ、水を注いで蓋をして強火にかける。水が沸き殻が開いたら火からおろして漉す。これがハマグリのだし。ハマグリは殻をはずし、ハマグリだしに浸けて冷まし、味を含ませる。

3　**1**の米が透き通ってきたら、**2**のハマグリだし（塩味が強かったらだしで割る）を注ぎ入れて強火で加熱する。

4　アルデンテ（米の中心に歯応えが残るくらい）になったら、**2**のハマグリの身を刻んで加え、刻んだ三ツ葉を加える。仕上がりに淡口醤油で香りをつける。米を炒め始めてからここまでで都合8分間ほど。

5　**4**をハマグリの殻に盛り、小松菜の若い芽と紅菜苔を盛って、苺ドレッシングをかける。

あ

おな／焼物

桜鱒のコンフィ 柚子の香り

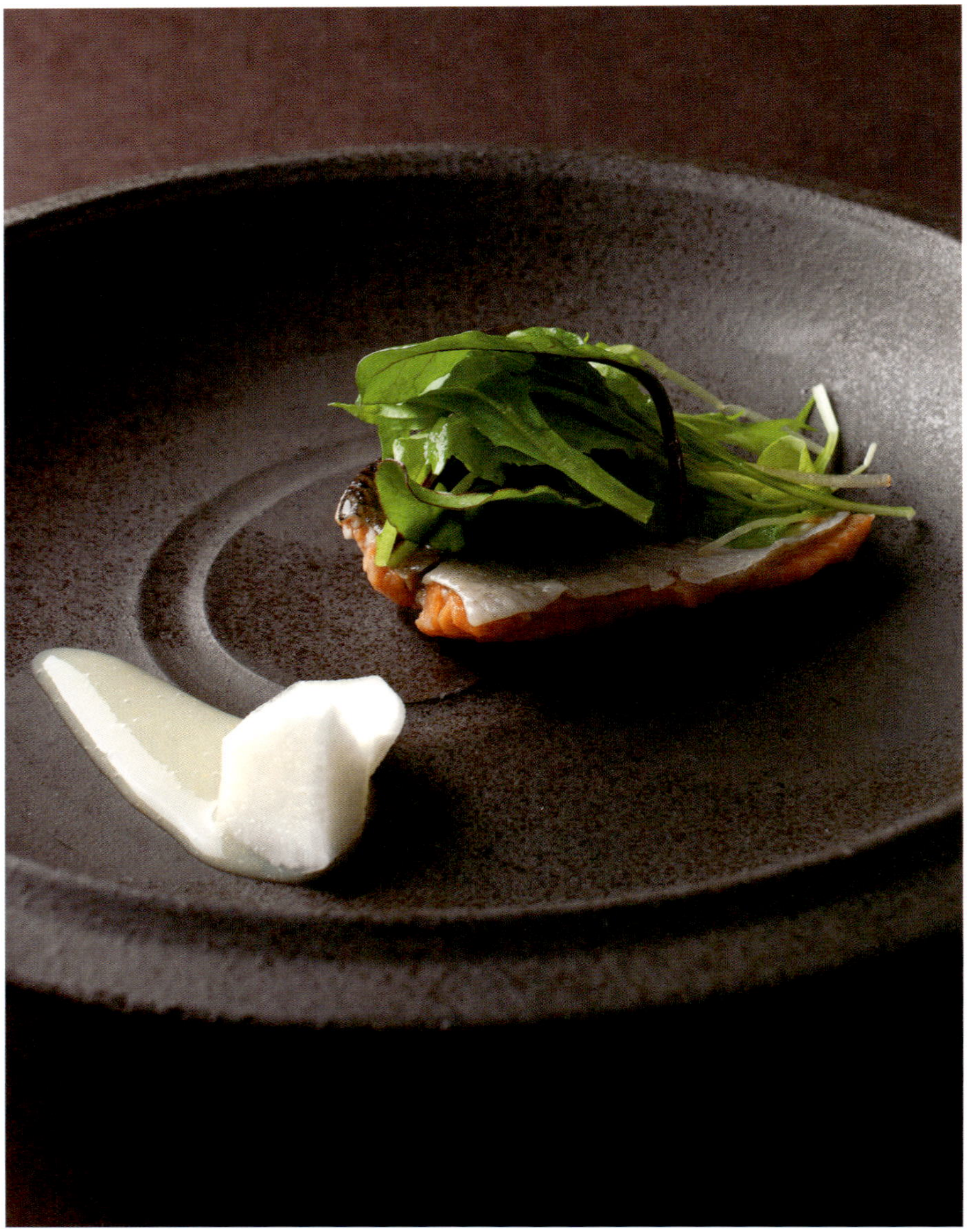

河川に遡上する直前の3月のサクラマスは脂がのっていて美味とされている。このサクラマスをユズ果汁入りのマリネ液に一晩浸けたのち、70℃の油で10分間煮てふっくらと仕上げた。レモンの苦みを残したソースを添えて。（江﨑）

ベビーリーフ
ミヤマカブ*
サクラマス（切り身） 100g
塩、太白胡麻油 各適量
マリネ液（ユズの絞り汁1：太白胡麻油2：砂糖0.5）
レモンのソース（↓12頁）

*皮は赤いが、中は真っ白のカブ。福井県美山地区の河内赤カブを山梨県で栽培したもの。

1 サクラマスは100gの切り身にして、薄塩をふって15分間おく。サッと水洗いして水気をふく。

2 マリネ液の材料を合わせてよく混ぜ、**1**のサクラマスを浸けて1晩おく。仕込みはここまで。

3 提供時にサクラマスを取り出し、太白胡麻油を70℃に温めた中に入れて10分間加熱する。身がふっくらしてきたら取り出して油をきる。

4 ベビーリーフは**2**と同じマリネ液（新しいもの）でサッと和えてサクラマスの上に盛る。

5 レモンのソースを流して、くし形に切ったミヤマカブを添える。

あ

おな／汁物

のらぼう菜と行者大蒜の吸い物 琵琶湖産稚鮎

出回る時期が重なる3つの素材で仕立てた汁物は、タイのアラでとっただしでコクを補った。行者ニンニクの香りで魚っぽさを和らげている。（江﨑）

ノラボウ菜
行者ニンニク
稚アユ（長さ8㎝）　3尾
タイだし
（タイのアラ1尾分、水2リットル）　1
だし　1
塩　適量
淡口醤油　適量
ウド
ユズ

1 ノラボウ菜は沸騰した湯でゆでて冷水にとる。歯応えを残すこと。

2 稚アユはサッと水洗いして水気をふき、210℃のオーブンに入れて表を8分間、裏を7分間焼く。

3 ウドは桂むきしてせん切りにし、針ウドをつくって水に放ち、水気をきっておく。

4 吸い地をつくる。まずタイのだしをとる。臭みを抑えるためにタイの頭やアラを天板に広げて200℃のオーブンに入れてこんがり焼き目をつける。アラを鍋に移して水を注ぎ、火にかける。沸騰したら火を弱めて、表面が少し動くくらいの火加減で30分間加熱して漉す。

5 だしとタイのだしを同量ずつ合わせて火にかけ、塩と淡口醤油で味を調え、**2**の稚アユ、3㎝ほどに切った行者ニンニクと**1**のノラボウ菜を入れて温める。

6 器に盛り、針ウドを添えてふりユズをする。

あ

すぱらがす／和え物

ホワイトアスパラガスの柚子ドレッシング

バリエーションのある柑橘系ドレッシングのなかで、ホワイトアスパラガスに合うのはユズ果汁を加えた柚子ドレッシング。素材に合わせて柑橘の種類を変えるとよい。（江﨑）

ホワイトアスパラガス　2本
ソラマメ　5粒
ラディッシュ（薄い輪切り）　5枚
ズッキーニ（薄い輪切り）　5枚
黄ズッキーニ（薄い輪切り）　5枚
柚子ドレッシング（→13頁）　適量
パセリ（みじん切り）

1　ホワイトアスパラガスは皮をむいて下部を切り落とす。湯を沸かし、歯応えが残るようにゆでて冷水にとる。
2　ソラマメはサヤをはずし、塩ゆでする。冷水にとって水気をふいて薄皮をむく。
3　ホワイトアスパラガスを器に盛り、柚子ドレッシングをかける。上にラディッシュ、黄ズッキーニ、ズッキーニを交互に飾り、ソラマメを添える。
4　パセリを散らす。

あ

すぱらがす／和え物

グリーンアスパラガスと鮑のジュレで

旬が重なるアスパラガスとアワビは相性がとてもよい。アワビは柔らかく、アスパラガスは食感を残して仕上げたい。アワビの蒸し汁でつくったゼリーをかけて。（江﨑）

グリーンアスパラガス　1本
美味だし
（だし20：淡口醤油1：味醂1、塩少量）
アワビ　5切れ
昆布、日本酒　各適量
赤、黄プチトマト（輪切り）
パイナップル（さいのめ切り）
アワビのゼリー

◎アワビのゼリー
アワビの蒸し汁　400cc
淡口醤油　10cc
味醂　20cc
粉ゼラチン　5g

1　アスパラガスは下のほうのかたい皮をむく。たっぷりの湯を沸かしてゆでる。食感が残るように適度に火を入れる。氷水にとって色どめをし、美味だしに浸ける。

2　アワビを蒸す。バットに昆布を敷いて、アワビを殻つきのまま並べて日本酒をふり、蒸し器で蒸す。アワビ6個で1時間が蒸し時間の目安。

3　取り出して身とキモに分けて掃除する。身をそぎ切りにする。

4　アスパラガスとアワビを重ね盛りにし、プチトマトとパイナップルを添える。上からアワビのゼリーをかける。

◎アワビのゼリー

1　アワビの蒸し汁を漉して、淡口醤油、味醂で味をつける。

2　水で戻した粉ゼラチンを溶かして冷やし固めてゆるくとろみをつける。

あ

すぱらがす／寄せ物

ホワイトアスパラ豆乳豆腐

ホワイトアスパラガスの根元近くのかたい部分をエビだしで炊いて豆乳で寄せた冷たい先付。サイマキエビでグレードアップした。季節を感じさせる金魚は、濃いめの餡で接着している。（堀内）

（14㎝×11㎝角の流し缶1台分）

ホワイトアスパラガス　8本
煮汁（だし360cc、淡口醤油24cc、味醂24cc、干しエビ100g）
　360cc
豆乳　360cc
板ゼラチン　20g
サイマキエビ　1本
浸し地
　（だし12：淡口醤油1：味醂1）
べっこう餡
ニンジン

◎べっこう餡

だし　8
淡口醤油　1
味醂　1
日本酒　少量
水溶き片栗粉　適量

1　ホワイトアスパラガスの根元のかたい部分を切り落としてザク切りにする。煮汁を合わせて、アスパラガスを柔らかく煮て取り出し、フードプロセッサーにかけておく。

2　**1**の煮汁を360cc取り分け、豆乳360ccを入れて温める。ここに戻した板ゼラチンを入れて溶かし、**1**のアスパラガスを入れて鍋ごと氷水で冷やす。

3　**2**を流し缶に流して冷やし固める。

4　サイマキエビは頭と背ワタを除き、塩を少々加えた湯でゆでて、浸し地に浸す。

5　**3**を切り出し、殻をむいたサイマキエビを添える。べっこう餡をかけ、金魚にむいたニンジンを添える。

◎べっこう餡

1　べっこう餡の材料を合わせて火にかける。

2　水溶き片栗粉でとろみをつけて冷やす。

あ

すぱらがす／焼物

グリーンアスパラガスのソテーと蒸し鮑 肝とアスパラのソース

アワビとアスパラガスは相性がよい組み合せ。アワビの肝はクセがあるので、ゆでたアスパラを一緒にミキサーにかけて和らげた。（江﨑）

グリーンアスパラガス、塩
太白胡麻油
アワビ
日本酒、昆布（3cm角）
肝とアスパラのソース（↓14頁）

1 グリーンアスパラガスは皮をむいてかたい下部を切り落とす。

2 塩を入れた熱湯でアスパラと切り落とした下部をゆでる。すぐに冷水にとって冷ます。下部はソースに使用。

3 フライパンに太白胡麻油をひいてアスパラガスをソテーする。

4 アワビを塩みがきして、深バットに入れ、半分程度浸かるくらいの日本酒、昆布を入れて蒸す。アワビ6個ならば20分間が蒸し時間の目安。

5 蒸し器から取り出し、殻をはずす。肝をはずして、身をそぎ切りにする。温めた肝とアスパラのソースをからめる。

6 アスパラガスを盛り、アワビをのせ、ソースをかける。

山独活とあおり烏賊 梅肉ソース

ウドは白い茎はもちろん、芽も皮もおいしい捨てるところのない山菜。下部の真っ白な部分は造りのあしらいとけんに。サラダ感覚でたっぷり添えて食べていただく。アオリイカは造り身にしてからサッと湯にくぐらせると甘くなる。（堀内）

（4人前）

山ウド　2本
アオリイカ　1杯（800g）
ブロッコリースプラウト　1パック
梅肉ソース　適量
ワサビ　少量
花穂紫蘇　少量

◎梅肉ソース

梅干　20粒
煮きり酒　90cc
濃口醤油　90cc
昆布　1枚

1　山ウドは皮をむいて乱切りにし、水に落としておく。酢水でなくてもよい。

2　別にウドの下部の白い部分を桂むきにして、繊維に沿ってせん切りにして、ブロッコリースプラウトと混ぜておく。

3　アオリイカは水洗いしてサク取りし、表面に鹿の子の包丁目を入れ、一口大に切って熱湯にくぐらせてすぐに氷水に落とす。

4　提供時に梅肉ソースを取り分け、おろしワサビを混ぜる。

5　器に**2**の山ウドのけんを盛り、乱切りの山ウドとアオリイカを盛る。ほぐした花穂紫蘇を散らし、**4**の梅肉ソースを添える。

◎梅肉ソース

1　梅干を叩いて裏漉しする。

2　ここに煮きった酒と濃口醤油を入れて昆布を1枚差して3日間ねかせておく。

う

ど／焼物

独活の牛肉巻

牛肉はステーキもいいが、薄切り肉は柔らかくて食べやすい。ウドを芯にして巻けばボリュームも充分。（野﨑）

ウド　1本
酢　少量
煮汁
（水1リットル、昆布5㎝角1枚、塩8g）
牛肉（薄切り）　200g
薄力粉、サラダ油　各適量
照り焼地（日本酒3：味醂5：濃口醤油1）
木ノ芽

1　ウドは10㎝長さに切り、皮をむいて、切り離さないように互い違いに包丁目を入れたら（↓32頁）酢水にとって変色を防ぐ。3％の酢を加えた熱湯でゆでておか上げする。

2　**1**のウドを鍋に移し、浸るくらいの煮汁を入れて中火で10分間ほど煮含め、そのまま冷ます。

3　**2**が冷めたら水気をふいて薄力粉をまぶし、牛肉を巻きつける。

4　**3**に粉を打ち、サラダ油を薄くひいたフライパンで焼く。表面にまんべんなく焼き色がついたら照り焼地を入れて絡める。

5　食べやすく切り分け、器に盛って木ノ芽を添える。

山独活三種　明太和え、金平、かき揚げ

山ウドの芽や皮は独特の香りがある。皮は金平に、皮と茎でかき揚げに、そして皮をむいた茎は和え物にした。金平はご飯に混ぜてもいいし、焼物のあしらいにもなる。（堀内）

◎明太和え
ウド、酢水
明太子　2腹
ユズコショウ　5g

◎金平
ウドの皮
サラダ油　少量
濃口醤油　1
日本酒　2
白胡麻

◎かき揚げ
ウド
薄力粉
天ぷら衣
（薄力粉100g、水200cc）
揚げ油

◎明太和え

1　ウドは皮をむいて乱切りにし、酢水に浸けてアク抜きをする。皮は金平やかき揚げなどに利用できる。

2　明太子をほぐして叩き、ユズコショウを少量混ぜる。

3　ウドの水気をふき、**2**で和える。

◎金平

1　明太和えに使ったウドの皮を利用。皮をせん切りにして酢水にとってアク抜きをし、ザルに上げてキッチンペーパーで水気をふき取る。

2　フライパンに油を少量ひき、**1**のウドを入れて炒める。火が通ったら濃口醤油、日本酒で味を調え、仕上がりに白胡麻をふる。ウドの香りを生かしたいので、味つけはシンプルに。胡麻油のようにクセがある油は使わない。

◎かき揚げ

1　ウドは皮を桂にむき取り、皮と茎をマッチ棒大に切っておく。油で揚げる場合は酢水に浸けずにそのまま揚げたほうがよい。

2　ウドをボウルに入れて薄力粉をまぶし、天ぷら衣を適量加えて、180℃の揚げ油で揚げる。油をきって盛りつける。

う

ど／揚物

独活の土佐揚

ウドは火通りがよくなるように、あらかじめ互い違いに切り目を入れておく。カツオ節を卵白でまぶし、こげないように低温でじっくり揚げた。（野﨑）

う

るい／酢の物

うるいの帆立貝巻 黄味酢かけ

ホタテは塩をして食べやすく叩き、クセのないウルイで巻いた。ホタテがねっとりとしているのでウルイの歯応えのよさが際立つ。（堀内）

え
だまめ／和え物

枝豆と黒鮑のずんだ和え

和え衣のエダマメをなめらかな部分と、粗くすり潰した部分、粒のままを混在させて食感に変化をつけ、エダマメの素材感を生かした。（堀内）

え
びいも／和え物

海老芋の山葵和へ

油との相性がよいエビイモとホタテガイをそれぞれ揚げて、潰したエビイモでさっくりと和えた。おろしワサビがピリッと効いた温かい和え物。（野﨑）

独活の土佐揚

ウド
酢　少量
薄力粉、卵白、カツオ節、揚げ油　各適量
塩　少量

1　ウドは4cm長さに切り、切り離さないように互い違いに包丁目を入れて、変色を防ぐために酢水に浸けて水気をふき取る。

2　カツオ節は鍋に入れて弱火で煎って冷まし、細かくほぐす。

3　**1**のウドに薄力粉をまぶし、コシをきった卵白にくぐらせ、**2**のカツオ節をまぶして170℃の揚げ油で揚げて、塩をふる。

［切り違え］

1　切り離さないように端を残して縦に切り目を入れる。

2　前後の向きを変えて90度回し、切り離さないように端を残して縦に切り目を入れる。

3　切り違いにしたウド。火が入りやすく食べやすくなる。

うるいの帆立貝巻　黄味酢かけ

ウルイ　1パック（10本）
浸し地
（だし12：淡口醤油1：味醂1）
ホタテガイ　6個
塩　適量
黄味酢
食用花

◎黄味酢
土佐酢（だし3：淡口醤油1：リンゴ酢1）　180cc
卵黄　8個分

1　ウルイは熱湯でサッとゆでて氷水にとって冷まし、浸し地に浸けて味を含ませる。

2　ホタテガイを塩水で洗い、薄塩をあてて1時間冷蔵庫におく。水気をふいて包丁で細かくなるまで叩く。

3　巻き簾にラップフィルムを敷いてウルイを横に並べ、**2**のホタテガイを芯にして巻き簾で巻く。しっとりとなじむまで冷蔵庫で1時間ほどおいて締める。

4　器に黄味酢を流し、食べやすく切った帆立貝巻を盛る。縦に切って水に放ったウルイ（→198頁）、食用花の花びらを添える。

◎黄味酢

1　土佐酢は材料をすべて合わせて火にかけて冷ましておく。

2　ボウルに土佐酢、卵黄を入れ、湯煎にかける。ある程度固まってきたら火からおろし、鍋を氷水で冷やす。冷めたら裏漉しする。

枝豆と黒鮑のずんだ和え

黒アワビ、昆布
ずんだ和え衣（↓16頁）

1 黒アワビは香りが飛ばないように軽く汚れを落とす程度に塩みがきする。
2 アワビを昆布で包んでバットに入れて、3時間ほど蒸す。昆布はだしをとったあとのものでよい。
3 アワビは厚みをもたせて一口大に切ってボリューム感を出し、ずんだ和え衣で和え、器に盛る。

海老芋の山葵和へ

エビイモ　400g
煮汁
（だし8：淡口醤油0.5：味醂1）
ホタテガイ　大8個
片栗粉、揚げ油　各適量
三ツ葉
潰したエビイモ
淡口醤油　少量
ワサビ

1 エビイモは皮をむいて2cm角に切り、鍋に入れて水、米糠を入れて中火にかける。串がスッと入るまで約8分間ゆでる。
2 エビイモが柔らかくなったら、糠を洗って再度ゆでこぼし、糠気を抜く。
3 煮汁の材料を合わせてエビイモを10分間程煮含める。そのまま冷まして味を含ませる。
4 3のエビイモの水気をふいて片栗粉をまぶし、170℃の揚げ油で揚げる。
5 ホタテガイは一口大に手で裂き、水気をふいて片栗粉をまぶし、170℃の揚げ油で揚げる。
6 4のエビイモの半量をすり鉢で潰して淡口醤油で味を調え、残りのエビイモとホタテガイ、ゆでて3cmに切った三ツ葉、おろしワサビを適量加えて混ぜ合わせる。

え
びいも／椀物

海老芋の胡麻豆腐のお椀

ほっくりと炊いたエビイモを潰して生地に混ぜた胡麻豆腐のアレンジ。葛粉を打って焼いたり、小麦粉をまぶして揚げだしにしてもいいだろう。生地に潰したエビイモを入れると、プレーンな胡麻豆腐よりもアレンジがきく。（堀内）

えびいも／焼物

海老芋の雲丹焼

エビイモはサトイモに比べて粘りが少なく、ホクホクした食感が特徴。下ゆでしたエビイモに、ウニ衣と鉄火味噌を塗って焼き上げた。（野崎）

えんどうまめ／寄せ物

ピース豆腐

人参豆腐（→１２４頁）をアレンジしたグリーンピースとエビの組合せをもう一例紹介。葛粉を練ってつくると、時間がたつとかたくなってしまうが、豆乳をゼラチンで寄せると翌日になっても状態が変わらない。（野崎）

海老芋の胡麻豆腐のお椀

海老芋の胡麻豆腐
吸い地（だし16：淡口醤油0.8：味醂0.5：日本酒0.5）
シイタケ　1個
金時ニンジン（せん切り）　少量
ユズ　少量
ミズナ（軸のところ）　少量

◎海老芋の胡麻豆腐（10人前）
白胡麻ペースト　90cc
葛粉　90g
日本酒　90cc
昆布だし　540cc
エビイモ　3個
煮汁（だし10：淡口醤油1：味醂1）

1　吸い地の材料を合わせて一煮立ちさせる。

2　シイタケは吸い地でサッと煮る。金時ニンジンは水から下ゆでしたのち、水にさらして吸い地で煮る。ミズナの軸の部分を熱湯でゆでて、吸い地に浸ける。ユズの皮を細切りにする。

3　海老芋の胡麻豆腐を温めて椀に盛り、ミズナ、金時ニンジン、ユズ、シイタケを盛り、温めた吸い地を注ぐ。

◎海老芋の胡麻豆腐

1　エビイモは皮をむいて米の研ぎ汁で柔らかく下ゆでする。水に30分間さらしたのち、水からゆでて米の研ぎ汁のにおいを抜いてザルに上げる。

2　煮汁の材料を合わせ、**1**のエビイモを30分間ほどコトコトと煮てそのまま冷まし、味を含ませる。

3　鍋に白胡麻ペースト、葛粉、日本酒、昆布だしを合わせて中火にかけて20分間練る。

4　**2**のエビイモをマッシャーでなめらかに潰して**3**に加えて、さらに10分間練る。

5　ラップフィルムにとり、茶巾に絞る。これを氷水に落として冷やし固める。

海老芋の雲丹焼

エビイモ
煮汁（だし20：淡口醤油1：味醂0.5：日本酒1）
ウニ衣　適量
鉄火味噌　適量
ケシの実　適量

◎**ウニ衣**
塩ウニ　40g
卵黄　1個分

◎**鉄火味噌**
赤味噌　100g
卵黄　1個分
砂糖　30g
味醂　15cc
胡麻油　5cc

1　エビイモは天地を切り落として円柱形にむき、2cm厚さに切る。鍋に移し、水と米糠を入れて中火にかけ、10分間ほどゆでる。

2　串がスッと入るまで柔らかくなったら、米糠を洗い落として、再度湯でゆでこぼして糠気を抜く。

3　エビイモを鍋に入れ、かぶるくらいの煮汁を注いで火にかけ、沸騰したら煮くずれないように弱火にして15分間ほど煮る。そのまま冷まして味を含ませ、水気をきる。

4　**3**のエビイモを天火の焼き台で温め、ウニ衣と鉄火味噌を塗って軽く焼く。鉄火味噌にはケシの実をふる。

◎**ウニ衣**

1　塩ウニは裏漉しし、卵黄を加えてよく混ぜ合わせる。

◎**鉄火味噌**

1　鍋に材料すべてを入れて木ベラで練りながら中火にかける。

2　フツフツと沸いて卵黄がなじんでつややかになったら火を止める。

ピース豆腐

ピース豆腐
べっこう餡
サイマキエビ　1本
ショウガ

◎**ピース豆腐（21cm角の流し缶1台分）**
グリーンピースのペースト　200g
だし　200cc
水　200cc
粉寒天　3g
粉ゼラチン　7g
豆乳　400cc
塩、淡口醤油　各適量

◎**べっこう餡**
だし　6
濃口醤油　1
味醂　0.5
カツオ節　適量
水溶き片栗粉　適量

1　サイマキエビは頭と背ワタを除き、70℃の湯で5分間ゆでて殻をむく。ショウガは桂むきして三角に切って水に放つ。

2　ピース豆腐を角に切り出して、べっこう餡をかける。サイマキエビを添え、**1**のよりショウガを飾る。

◎**ピース豆腐**

1　鍋にだし、水を合わせ、粉寒天を入れて火にかけて溶かす。一煮立ちしたら弱火で約2分間木ベラで練って、水で戻した粉ゼラチンを加える。

2　豆乳を60℃（薄膜がはらない温度帯）に温め、**1**と混ぜ合わせる。グリーンピースのペースト（→40頁すり流し**1**）を加えて、塩と淡口醤油で味を調える。流し缶に流して固める。

◎**べっこう餡**

1　鍋に片栗粉以外の材料を合わせて火にかけ、一煮立ちしたら漉し、水溶き片栗粉でとろみをつけて冷ます。

え

んどうまめ／汁物

グリーンピースのすり流し

梅に鶯。鶯色のすり流しに、梅花型で抜いた絹漉し豆腐を合わせた春ならではのお椀。グリーンピースとなめらかな絹漉し豆腐がメインとなるが、エビを一本添えると価値がワンランク上がる。（野﨑）

え
んどうまめ／寄せ物

えんどう豆の豆腐

春先、気温の高くなった日には、ひんやりした冷たい先付が欲しくなる。浸し地を冷たいジュレ仕立てにして絡みやすくし、のど越しよく。（堀内）

え
んどうまめ／ご飯

豆、まめ、マメ

春～夏に出回るいろいろな青いマメをゆでて、清美オレンジの甘酸っぱい果汁を合わせた寿司飯を混ぜた。ご飯よりもマメが多いサラダ感覚の一品。ご飯がかたくならないように常温で提供する。（江崎）

グリーンピースのすり流し

グリーンピース　200g
ゆで汁（水1.5リットル、塩20g、重曹小さじ1）
吸い地
（水500cc、昆布10cm角1枚、塩、淡口醤油、日本酒各小さじ1／2）
水溶き片栗粉
絹漉し豆腐
サイマキエビ、葛粉
イワタケ*
ショウガ

*アク抜き汁（大根おろし汁500cc、水500cc、塩10g）に浸けて戻し、吸い地で煮含めておく。

1　グリーンピースはサヤから取り出して、沸騰したゆで汁に入れて弱火にし、全体が柔らかくなるまでゆでる。柔らかくなったら火からはずしてアルミホイルをかぶせる。豆が沈んだら少しずつ水を注いで冷まし、ザルに上げる。

2　**1**を裏漉ししてペーストにする。

3　吸い地をつくる。水に昆布を入れて3時間おく。塩と淡口醤油と日本酒で味を調えておく（0.7％の塩水昆布だし）。

4　絹漉し豆腐は梅花型で抜き、ショウガは小さい梅花型で抜いて薄切りにする。サイマキエビは頭と背ワタを除いて殻をむく。背開きにして葛粉を打ち、熱湯でゆでて火を通す。

5　**3**の吸い地を鍋に入れて火にかける。**2**のペーストを加えて味を調え、水溶き片栗粉で薄く濃度をつける。

6　蒸し器で温めた梅花豆腐、エビを椀に盛り、**5**を注いで、イワタケ、ショウガを添える。

えんどう豆の豆腐

（25㎝角の流し缶1台分）

グリーンピース　700g
日本酒　180cc
棒寒天　1本
だし　1080cc
粉ゼラチン　20g
旨みジュレ

◎旨みジュレ

だし　300cc
淡口醤油　30cc
味醂　30cc
粉ゼラチン　15g

1　グリーンピースをサヤから取り出す。90℃の湯1リットルに塩5g、重曹5gを入れてグリーンピースを浸けておく。冷めてくると次第にマメが沈んでくるので1時間程度このままおく。沸騰させるときれいな緑色が飛んでしまう。柔らかくなったらザルに上げて裏漉しする。一部あしらい用にとりおく。

2　鍋にだし、棒寒天、日本酒を入れて火にかけ、寒天を煮溶かす。寒天が溶けたら、水でふやかした粉ゼラチンを加えて溶かす。

3　**2**を火からおろし、裏漉ししたグリーンピースを入れて混ぜる。最初からグリーンピースを入れると色が飛んでしまうので、寒天とゼラチンが溶けたのち、最後に加える。

4　鍋ごと氷に浸けて冷ます。粗熱がとれたら流し缶に流し入れて冷やし固める。

5　**4**を切り出して器に盛り、くずした旨みジュレを添え、**1**でとっておいたグリーンピースを飾る。

◎旨みジュレ

1　鍋にだし、淡口醤油、味醂を合わせて火にかける。

2　沸いたら火からおろし、水で戻した粉ゼラチンを加えて冷やし固める。

豆、まめ、マメ

ソラマメ　適量
グリーンピース　適量
スナップエンドウ　適量
キヌサヤエンドウ　適量
寿司飯（米2合、米酢50cc、
　清美オレンジの絞り汁10cc、
　塩小さじ1、砂糖大さじ1）

1　ソラマメとグリーンピースはサヤをはずして塩ゆでして冷水にとる。ソラマメは殻をむく。

2　スナップエンドウとキヌサヤも熱湯でゆでて冷水にとり、食べやすく切る。それぞれのマメの分量は同量ずつ用意し、好みで増減してよいが、できるだけたっぷり使う。

3　ご飯を炊き、**1**と**2**のマメを加え、清美オレンジの絞り汁を加えた寿司酢を混ぜて冷ます。

おくら／和え物

雲丹オクラ

オクラと溶いた卵黄だけでふんわりと柔らかな粘りを出した。山掛け風だが、オクラはヤマイモよりもクセがないのが特徴。糝薯のつなぎにもなる。加えた少量の卵黄がウニとオクラの相性をうまくつなげてくれた。（野﨑）

おくら／寄せ物

鯵オクラ寄せ

アジとオクラを包丁で叩き、蒸し器でサッと蒸した。オクラの粘り気がつなぎとなってふんわりとした食感が楽しめる。冷やして供するとよい。（野﨑）

か

ぶ／寄せ物

蕪と柚子の琥珀寄せ

ユズの皮とカブは、それぞれの食感が残るように刻んで土佐酢で寄せた。泡立てた卵白を使って淡雪寄せにしてもよい。（野崎）

か

ぶ／焼物

蕪と穴子の南蛮焼

南蛮地に浸けた天王寺カブとアナゴ。食べやすいように二つの食感を合わせた焼物。焼くことでカブの水分が抜けて甘みが増す。（野崎）

雲丹オクラ

オクラ　15本
塩　適量
卵黄　1／2個分
淡口醤油　少量
ウニ
針海苔

1　オクラは塩ずりしてヘタを切り落とし、熱湯で色よくゆでて氷水にとって色どめをする。
2　縦半分に切り、スプーンで種をかき取って、包丁で細かく叩くか、フードプロセッサーにかける。
3　ここに卵黄を少量加え、淡口醤油で味を調えてよく混ぜる。
4　器にオクラを盛り、ウニを中央にこんもりと盛って、針海苔を天に添える。

鯵オクラ寄せ

オクラ　10本
アジ　2尾（120g）
塩　適量
ナガイモ（あられ切り）　適量
キュウリ（あられ切り）　適量
花穂紫蘇
梅だれ

◎梅だれ
梅肉　30g
だし　20cc
たまり醤油　30cc

1　アジは三枚におろして薄塩をあて、30分間おいて下味をつける。小骨を抜いて皮をひき、包丁で粗めに叩く。
2　オクラは塩ずりしてヘタを切り落とし、熱湯で色よくゆでて氷水にとって色どめをする。縦半分に切り、スプーンで種をかき取って、包丁で細かく叩く。
3　すり鉢に**1**のアジとアジの半量のオクラを入れて粗めにすり合わせ、丸型に詰める。
4　**3**をバットに並べ、蒸し器に入れて5～6分間蒸し上げる。
5　器に盛って型をはずし、梅だれをかける。3㎜角に切ったナガイモ、キュウリをのせて、ほぐした花穂紫蘇を散らす。

◎梅だれ
1　ボウルに梅肉を入れ、だし、たまり醤油を適量ずつ加えてのばし、混ぜ合わせる。

蕪と柚子の琥珀寄せ

（15㎝角の流し缶1台分）

カブ（みじん切り）　300g
ユズ皮（みじん切り）　適量
琥珀地（昆布だし150cc、酢100cc、味醂50cc、淡口醤油50cc、粉ゼラチンは液体200ccに対して5g）
加減酢*（だし7：淡口醤油1：酢1、カツオ節適量）
サイマキエビ
春菊のお浸し

◎春菊のお浸し

シュンギク
昆布立て（水1リットル、昆布5〜10g、塩15g）

*加減酢の材料を一煮立ちさせて漉し、冷ましておく。

1　カブは天地を落として皮をむき、細かいみじん切りにする。ザルに入れて熱湯にサッとくぐらせて水気をきる。ユズの黄色い表皮はみじん切りにする。

2　鍋に琥珀地の材料を入れて火にかけ、一煮立ちしたら火からおろし、水で戻した粉ゼラチンを溶かして冷ます。

3　**1**のカブとユズを冷めた**2**の中に入れて混ぜ、流し缶に流して冷やし固める。

4　サイマキエビは背ワタを抜き、70℃の湯で5分間ほどゆでて冷水にとる。粗熱がとれたら水気をふく。

5　**3**を切り出し、春菊のお浸し、サイマキエビを添え、加減酢をかける。

◎春菊のお浸し

1　シュンギクの葉をむしり、熱湯でゆでて冷水にとり、水気を絞る。

2　昆布立てに1時間ほど浸したのち、巻き簾で棒状に束ねて切る。

蕪と穴子の南蛮焼

アナゴ　2本
天王寺カブ　1個
南蛮地（日本酒1：濃口醤油1：味醂1：豆板醤0.1）
長ネギ（みじん切り）　適量
大葉（みじん切り）　適量

1　天王寺カブは天地を落として皮をむき、くし形に切りそろえる。鍋に入れてたっぷりの水からゆでて、おか上げする。

2　アナゴは背開きにして**1**のカブと同じくらいの長さに切る。

3　長ネギ、大葉を南蛮地の調味料と合わせる。

4　ここに**1**の天王寺カブと**2**のアナゴを入れて30分間浸けたのち、天火で焼く。

5　全体がまんべんなく焼けてきたら**3**の南蛮地を塗りながら焼いて仕上げる。

赤蕪のムース

一口食べてもアカカブとわかる人はまずいない。クセの少ないアカカブを皮ごと柔らかく蒸してフードプロセッサーにかけてゼラチンで寄せたほんのりピンクのアカカブのデザート。（堀内）

（つくりやすい分量）

アカカブ　500g
豆乳　400cc
生クリーム　240cc
ヨーグルト　300g
レモンの絞り汁　15cc
板ゼラチン　18g
和三盆　300g
ミント
レモンの皮
アカカブ（丸抜き）

1　アカカブをスライスして蒸し器で30分間蒸して柔らかくする。フードプロセッサーにかけてなめらかになるまで回す。

2　**1**の中に50℃に温めた豆乳を入れてさらに回す。

3　**2**を鍋に移して火にかけ、65℃まで温める。ここに水で戻したゼラチンと和三盆を入れて溶かす。

4　溶けたら氷水に鍋ごと浸けて冷ます。

5　ボウルに生クリームを入れて8割程度まで泡立てて、ヨーグルトを加える。

6　**4**の赤カブが冷めたら**5**を加えてさっくりと混ぜる。最後にレモンの絞り汁を加えてよく混ぜ、さらに冷ます。

7　固まってきたら、ガラスの器に流して冷蔵庫で冷やし固める。

8　提供時に丸くくり抜いたアカカブ、細かく刻んだレモンの表皮、ミントを飾る。

か ぼちゃ／和え物

南瓜と夏野菜と海老のモナカ

蒸して裏漉しした南瓜に、色とりどりの夏野菜をたっぷり混ぜて、手で食べやすいようにモナカの皮で挟んだ先付。2切れほど添えたエビがこの料理の価値を高め、赤色が加わることで華やかになる。（堀内）

か ぼちゃ／煮物

南蛮煮

豆板醤でピリカラに味つけして胡麻油で香りをつけたカボチャの南蛮煮。強火で調味料を絡めるように煮て、余熱で中まで火を通し、少し歯応えを残して仕上げる。（野﨑）

南瓜と夏野菜と海老のモナカ

カボチャ
煮汁
（だし8：濃口醤油1：味醂1）
エダマメ
トウモロコシ
ヤングコーン
アシアカエビ
浸し地
（だし12：淡口醤油1：味醂1）
モナカの皮

1 カボチャは皮をむいてざく切りにする。煮汁を合わせて、カボチャを入れて煮る。柔らかくなったらおか上げしてすりこぎで潰す。

2 エダマメは熱湯でゆでてサヤと薄皮をむく。トウモロコシは蒸して粒をはずす。ヤングコーンは熱湯でゆでる。それぞれ浸し地に浸ける。

3 アシアカエビは背ワタを抜いて、塩を入れた湯でゆでる。おか上げして浸し地に浸ける。

4 モナカの皮に潰したカボチャを盛り、エダマメ、トウモロコシ、さいの目に切ったヤングコーン、殻をむいて食べやすく切ったアシアカエビを添える。もう1枚のモナカの皮を添える。

南蛮煮

カボチャ　200g
むきグルミ　50g
煮汁
（日本酒130cc、水100cc、砂糖大さじ1、淡口醤油7.5cc、味醂10cc、豆板醤小さじ1）
胡麻油　5cc
糸トウガラシ

1 カボチャは種を除いて一口大に切り、ところどころ薄く皮をむいて面取りする。

2 鍋に皮を下に向けてカボチャを並べる。重ねないように注意。煮汁を合わせて注ぎ、落し蓋をして強火にかける。

3 カボチャに5割程度火が通ったら、むきグルミ、胡麻油を加え、さらに煮詰めて煮汁を全体に絡める。天に糸トウガラシを添える。

か
ぼちゃ／焼物

栗南瓜奉書焼

秋に出回る北海道産の「雪化粧」という白皮のカボチャは甘みが強いので、本来の味を生かすために少量の塩のみで味をつけて春巻の皮で包み、素焼きに。（堀内）

（4人前）

カボチャ　300g
塩　適量
クリ　3粒
クチナシ、煮汁（だし12：日本酒1：淡口醤油1：味醂0.5）
ギンナン　4粒
重曹　少量
春巻の皮　2枚

1　カボチャの皮をむいてさいの目に切る。蒸し器に入れてほっくり柔らかくなるまで蒸す。

2　塩をふり、ボウルに移してマッシャーでなめらかに潰しておく。

3　クリは殻をむき、渋皮を包丁で形よくむく。クリを砕いたクチナシの実と一緒に水からゆでて黄色く色づける。

4　煮汁で3のクリを炊いて味を含ませ、そのまま冷ます。

5　ギンナンは殻をむき、少量の重曹を加えた水でゆでて皮をむく。

6　春巻の皮を広げ、潰したカボチャ、クリ、ギンナンをのせて包む。

7　テフロン加工のフライパンに6を入れて、油をひかず焼き目がつくまで弱火でじっくり焼く。

8　そのまま出してもいいが、切り分けると食べやすい。塩を添える。

か
ぼちゃ／デザート

カステラ

パンプキンケーキの上面をこがしてカステラに見立てた。ホクホクしたカボチャと、表面のカリッとした食感の対比をつけるのがポイント。砂糖を減らせば、前菜にもなる。（野﨑）

（18㎝角の流し缶1台分）

カボチャ　500g
卵　5個
牛乳　100cc
砂糖　50g
生クリーム　50cc
ハチミツ　100cc
塩　小さじ1／2
グラニュー糖　適量

1　カボチャは皮をむいて種を除き、一口大に切る。バットに入れて蒸し器で10分間ほど蒸す。

2　熱いうちに裏漉しし、粗熱がとれたら、卵、砂糖を混ぜる。さらに牛乳、生クリーム、ハチミツ、塩を加えて混ぜ合わせ、流し缶に流して、蒸し器で30分間蒸す。

3　火が通ったら、表面にグラニュー糖をまんべんなくふって、バーナーであぶってこげめをつけて切り出す。

き

くいも／汁物

菊芋すり流し スープ仕立て

キクイモにはイヌリンという成分が含まれている。イヌリンは糖尿病などに効果があるとされているヘルシーな野菜。ペーストにして保存すれば、ソースなどにも利用できる。（江﨑）

キクイモのペースト（↓12頁）　100g
だし　160cc
塩、淡口醤油　各少量
キクイモのチップス　3〜4枚

◎キクイモのチップス
キクイモ
太白胡麻油　適量

1　キクイモのペーストをだしでのばして濃度を調節し、味をみて、必要ならば塩と淡口醤油を加える。

2　器に盛りつけ、キクイモのチップスを飾る。

◎キクイモのチップス

1　キクイモを薄くスライスし、火を止めたあとの温かいオーブンに入れて乾かす。

2　160℃の太白胡麻油で3分間ほど揚げて油をきる。

き

くいも／煮物

菊芋のきんぴら

まだなじみの薄いキクイモの味を知ってもらうために、カリカリとした独特の食感をを生かしたきんぴらに。ここに鶏挽肉を加えてもいいだろう。（江﨑）

（2〜3人前）

キクイモ　250g
きんぴらの地
（だし5cc、濃口醤油15cc、味醂15cc、塩少量、太白胡麻油5cc）
半ずり白胡麻　適量

1　キクイモは皮つきのまま棒切りにする。
2　きんぴらの地を合わせて鍋に入れ、1のキクイモを入れて強火で煮詰める。
3　最後に半ずり白胡麻を混ぜる。

き
にら／酢の物

黄ニラと蟹 酢の物

器の絵柄を生かした遊び心ある盛りつけ。手前にカニの山を、その向こうに黄ニラの山を、その向こうに皿に描かれた富士山で三連山を表現した。遠近法でカニの山が大きく見える。（堀内）

（4人前）

黄ニラ　3束
ズワイガニ　1杯
キュウリ　1本
塩水（3％）　適量
土佐酢＊
（だし3：淡口醤油1：味醂1：リンゴ酢1、カツオ節少量、昆布5cm角1枚）

＊材料を合わせて火にかけ、沸いたら漉して冷ましておく。

1　黄ニラは熱湯でサッとゆでて氷水にとる。水気を絞り、3cm長さに切りそろえ、土佐酢に浸ける。

2　ズワイガニは甲羅を下向きにして強火の蒸し器で20分間蒸して取り出し、肉をほぐす。土佐酢に浸けておく。

3　キュウリを半分に割り、骨抜きの背の部分で種をくり抜いて塩水に20分間浸けてしんなりさせる。

4　黄ニラの水気を軽く絞って富士山のように盛りつける。カニも小山のように盛りつけ、キュウリを1cm長さに切って添える。

きのこ／和え物

舞茸と明日葉のお浸し

マイタケに限らずキノコ類は水を吸うので熱湯でゆでたらそのままおか上げして水っぽくならないようにする。（江﨑）

きのこ／ご飯

天然茸とオリーブの炊き込みご飯

野生のキノコの強い香りを少し和らげるために、米と合わせる前にサッと煮ておく。それほど香りが強くない場合は、汚れを落としてそのまま米と一緒に炊いてもいいだろう。（堀内）

きゃべつ／揚物

春キャベツと桜海老コロッケ

コロッケは「おぐら家」の人気メニューの一つ。春はサクラエビ。イモは季節によって新ジャガやナガイモにかえたり、ときにはサトイモを使うことも。秋にはマッタケを刻んで混ぜたマッタケコロッケも登場する。（堀内）

きゃべつ／酢の物

春キャベツと蛍烏賊黄味辛子かけ

旬の時期が重なるメキャベツとホタルイカ。辛子酢味噌ではなくマイルドな黄味辛子を添えて食べやすくした。盛りつけに使った生キャベツはほんの数秒蒸すと、ややしんなりして扱いやすくなる。（堀内）

舞茸と明日葉のお浸し

マイタケ
浸し地（だし10：淡口醤油0.8：煮きり味醂0.8、塩適量）
アシタバ
美味だし（だし20：淡口醤油1：味醂1、塩少量）
松ノ実

1 マイタケは熱湯でサッとゆでてすぐにザルに上げて水気をきる（おか上げ）。浸し地に浸けておく。

2 アシタバは塩を入れた熱湯でサッとゆでて氷水にとる。水気をきって、美味だしに30分間ほど浸ける。

3 提供時にマイタケとアシタバを盛り合わせて、フライパンでこうばしく煎った松ノ実を散らす。

天然茸とオリーブの炊き込みご飯

（4人前）
ムキタケ　100g
クリタケ　100g
コウタケ　100g
煮汁
（だし15：淡口醤油1：味醂1）
緑オリーブ（水煮）　50g
油揚げ　1枚
米　3合
炊き地*（だし540cc、淡口醤油36cc、日本酒36cc）

*すべてを合わせて一旦沸かしたのち、冷ましておく。

1 キノコ類は土や落ち葉などを落として乾かしておく。石突きなどを取り除く。緑オリーブは水気をきっておく。

2 キノコ類を食べやすく切り分けて、煮汁でサッと煮て、汁気をきっておく。

3 土鍋に研いだ米を入れて、**2**のキノコ、緑オリーブ、せん切りにした油揚げを入れて、炊き地を540cc注ぐ。

4 **3**を強火にかける。10分間ほどで沸いてくるので、沸いたら中火に落とす。さらに鍋から吹いてきたら弱火にして20分間炊く。

春キャベツと桜海老コロッケ

（4人前）

新ジャガイモ　2個
春キャベツ　1枚
サクラエビ　50g
太白胡麻油、濃口醤油、日本酒　各適量
薄力粉、溶き卵、柿の種*　各適量
揚げ油　適量

*フードプロセッサーにかけて細かく砕いておく。

1 新ジャガイモを水からゆでる。柔らかくなったら皮をむいてボウルに入れ、すりこぎで粗く潰す。

2 春キャベツをざっくりと刻んで、太白胡麻油で炒める。生のサクラエビとともに**1**と合わせて、濃口醤油と日本酒で下味をつけて種とする。

3 種を小判型にまとめる。種に薄力粉をまぶし、溶き卵にくぐらせ、砕いた柿の種をまぶす。

4 170℃に熱した揚げ油でカラリと揚げる。

春キャベツと蛍烏賊黄味辛子かけ

芽キャベツ　4個
浸け地*
（だし12：味醂1：淡口醤油1）
ホタルイカ　6杯
黄味辛子　適量
キャベツ　1枚

◎黄味辛子

土佐酢（↓32頁）　144cc
卵黄　8個分
練り辛子　小さじ1

*材料を合わせて一煮立ちさせて冷ましておく。

1 芽キャベツは半分に切って、火が通りやすいように根元に切り目を入れておく。熱湯でゆでて、おか上げする。浸け地に30分間ほど浸けておく。

2 キャベツの葉を数秒間蒸し器に入れる。取り出して葉先を楊枝で留め、中にホタルイカと芽キャベツを盛り、黄味辛子をかける。

◎黄味辛子

1 ボウルに卵黄、土佐酢、練り辛子を入れて混ぜ合わせ、湯煎にかけてかき混ぜる。

2 ある程度濃度がついてきたら湯煎からはずし、すぐに氷水にあてて冷やす。冷めたら裏漉ししてなめらかにする。

き
ゃべつ／ご飯

春キャベツの炊き込みご飯

甘みのある春キャベツをたっぷり炊き込んだ春のご飯。ここではストウブ鍋を使用したが、炊飯器でも上手く炊くことができる。この場合水加減は炊飯器の目盛りに合わせる。（江﨑）

き
ゅうり／ご飯

胡瓜の汁掛飯

炊きたての熱いご飯に、冷やしたおろしキュウリを冷たい吸い地と合わせ、ショウガですすめる。醤油は掛ける直前に加えると醤油の香りが立つ。（野﨑）

き
ゅうり／デザート

胡瓜のグリーン寄せ

キュウリの青っぽいにおいが気になる場合は、板ずりをしてサッと湯通しすると、青臭みがなくなる。（野﨑）

ぎょうじゃにんにく／焼物

行者大蒜と新玉葱のソテー 時しらずの塩焼きとともに

同じ時期に旬を迎える時しらずに行者ニンニク、新玉ネギを合わせた焼物。サケの上にソテーをたっぷりのせて食べられるように、切り身は薄く切って添える。（江﨑）

くれそん／ご飯

クレソンと時しらずの炊き込みご飯

時しらずは5〜8月に獲れる3〜5kg程度のサケで、産卵前なので皮の銀色が美しく脂がのっている。季節はずれに旬を迎えるので時しらずと呼ばれている。水辺に自生するクレソンをたっぷり加えて。（江﨑）

くわい／揚物

慈姑の飛龍頭

豆腐生地にクワイのすりおろしとキクラゲ、金時ニンジンをたっぷり入れた具沢山の飛龍頭。低温で揚げ始め、最後に高温にすると、時間はかかるが中心まで熱くなるので、揚げたあと煮なくてもそのままおいしく食べられる。（野﨑）

春キャベツの炊き込みご飯

春キャベツ　500g
塩
油揚げ　1／2枚
米　2合
炊き地
（昆布だし360cc、
昆布3cm角1枚、塩小さじ1、
淡口醤油15cc、太白胡麻油5cc）

1　春キャベツは、塩を加えた熱湯でサッとゆでて、食べやすくざく切りにする。油揚げは熱湯をかけて油抜きして、短冊に切る。

2　米を研ぎ、ストウブ鍋（直径18cm）に入れる。**1**を入れ、昆布だし、昆布、塩、淡口醤油、太白胡麻油を加えて蓋をして火にかける。

3　強火で5分間、沸いたら中火で9分間炊き、途中で様子をみてさらに中火で5分間炊いたのち、火を止めて3〜5分間蒸らす。

4　茶碗によそい、原木ナメコの味噌汁とともに供する。

胡瓜の汁掛飯

キュウリ　2本（200g）
淡口醤油　10cc
ご飯　適量
おろしショウガ　少量

1　キュウリは板ずりして熱湯にくぐらせ、氷水にとって水気をふいてすりおろす。

2　淡口醤油を加えて味を調える。

3　炊きたてのご飯を茶碗によそい、**2**をかけ、おろしショウガを添える。

胡瓜のグリーン寄せ

（12cm×15cm角の流し缶1台分）
キュウリ　3本分
水　200cc
砂糖　40g
粉ゼラチン　5g
薄蜜ソース

◎薄蜜ソース
水　200cc
砂糖　40g
ハチミツ　大さじ3
レモンの絞り汁　1個分

1　キュウリは板ずりして熱湯にサッとくぐらせて冷水にとってすりおろし、布漉しして水気をきる。

2　鍋に水と砂糖を入れて火にかけ、砂糖が溶けたら火を止め、水で戻した粉ゼラチンを溶かして冷ます。

3　**2**が固まる直前に**1**を加えて流し缶に流して冷やし固める。

4　**3**を一口大に切り出して器に盛り、薄蜜ソースをかける。

◎薄蜜ソース

1　鍋に水、砂糖、ハチミツを入れて火にかける。一煮立ちしたら火を止めて冷まし、レモンの絞り汁を加える。

行者大蒜と新玉葱のソテー 時しらずの塩焼きとともに

行者ニンニク　50g
新玉ネギ　30g
サケ（時しらず）
　2切れ（50g×2）
太白胡麻油　適量
濃口醤油　20cc
味醂　20cc
砂糖　少量
塩　少量
だし　適量

1　行者ニンニクは3cm程度に切りそろえ、新玉ネギは行者ニンニクの幅に合わせてくし形切りにする。サケと一緒に食べやすい長さに切っておく。

2　フライパンに太白胡麻油をひいて、1の行者ニンニクと新玉ネギを炒める。濃口醤油、味醂、砂糖、塩で味をつける。味が濃くなった場合は、だしで調整する。

3　サケは串を打って塩をふり、天火で焼く。

4　サケを盛りつけ、行者ニンニクと新玉ネギのソテーを添える。

クレソンと時しらずの炊き込みご飯

クレソン（ざく切り）　5本
サケ（時しらず）　50g
米　1合
水　180cc
濃口醤油　10cc
塩　5g

1　米を研いで炊飯器に入れて水を注ぎ、濃口醤油と塩を入れて、サケをのせて炊く。

2　炊き上がったらクレソンを入れて蒸す。蒸し上がったらシャモジでサケとクレソンを切り混ぜる。

慈姑の飛龍頭

（つくりやすい分量）
むきクワイ　100g
木綿豆腐　250g
ヤマトイモ　50g
卵　1個
薄力粉　大さじ1
砂糖　小さじ2
淡口醤油　大さじ1.5
キクラゲ　30g
金時ニンジン　20g
だし　適量
揚げ油　適量
ボウフウ、紅葉おろし　各適量

この程度の油温（130℃）を保って中心まで熱くする。

1　飛龍頭をつくる。木綿豆腐はサラシで包んで重しをし、水気をしっかりきって裏漉しする。

2　キクラゲは水で戻してかたい部分を取り除いてせん切りにする。金時ニンジンもせん切りにし、ともに熱湯で霜降りをして吸い地加減に味を調えただしでサッと煮含めておく。

3　クワイは芽と底を切り落として皮をむき、ミョウバン水（分量外）に浸す。10分間程度おいたら水にさらして蒸し器で約10分間蒸す。串がスッと入るくらいに柔らかくなったら裏漉しする。ヤマトイモは皮をむいてすりおろす。

4　1の木綿豆腐をすり鉢ですり、3のクワイとヤマトイモをすり合わせて、卵、薄力粉、砂糖、淡口醤油を加えてすり混ぜる。最後に水気をきったキクラゲ、ニンジンをさっくり混ぜる。

5　くっつかないように手に油（分量外）を塗り、4を少量とって丸め、130℃の油で約30分間揚げ、最後は160℃まで上げて仕上げる。

6　飛龍頭を器に盛りつけ、ボウフウ、紅葉おろしを添える。

く
わい／揚物

慈姑海老

すりおろした生のクワイをたっぷり加えたエビ糁薯をゆでたクワイの周りにつけた揚物。ここでは中が見えるように半分に切ったが、実際の提供時は切らずに提供したほうが美味。（野﨑）

ご
ーや／デザート

ゴーヤアイスクリーム

甘みと苦みのあるシャーベット風。暑い時期のデザートとして用意したが、コースの途中で口直しとして出してもいいだろう。（堀内）

こ

ーるらび／煮物

コールラビと黒キャベツの含め煮

西洋野菜のコールラビはカブのような根菜だが、肉質はカブとは異なり、長時間の加熱が必要だ。ここでは下ゆでせずに直炊きして根菜の力強い香りを生かした。（江﨑）

ご

ぼう／椀物

根菜と鰆のお椀

新ゴボウ、新レンコン、金時ニンジンをたっぷり使った沢煮風のお椀。サワラは身厚のものを用意し、炭火でふっくらと焼き上げ、厚さでボリューム感を出す。（堀内）

慈姑海老

クワイ
煮汁
（だし8：淡口醤油0.5：味醂1）
エビ糝薯
片栗粉、揚げ油　各適量
シシトウ
塩

◎エビ糝薯
むきエビ　150g
すり身　150g
玉子の素*　20g
淡口醤油　10cc
クワイのすりおろし　150g

*卵黄1個分を泡立て器で溶きほぐし、サラダ油を少しずつ加えてすり混ぜてマヨネーズ状にする。

1　クワイは芽を残して円柱型にむき、ミョウバン水（分量外）に約10分間浸したのち、水にさらす。米糠を入れた水に入れて火にかけ、柔らかく下ゆでする。これを水にさらして再び鍋に移して水からゆでこぼす。

2　煮汁を合わせてクワイを10分間ほど煮含める。

3　**2**のクワイは水気をふいて薄力粉をまぶし、エビ糝薯を周りにつけて、元のクワイの形に戻す。

4　**3**に片栗粉をまぶし、170℃の油で揚げる。シシトウは、破裂しないように串で穴をあけて素揚げして塩をふる。クワイとシシトウを盛り合わせる。

◎エビ糝薯

1　すり身をすり鉢ですり、同量のむきエビを加えてなめらかになるまですり合わせる。

2　クワイのすりおろし、玉子の素、淡口醤油を加えてよく混ぜる。

ゴーヤアイスクリーム

（つくりやすい分量）
ゴーヤ　1本
生クリーム　200cc
卵　2個
砂糖　50g
ゴーヤの絞り汁　15cc

1　ゴーヤをすりおろして汁と果肉を分けておく。

2　卵白に半分の砂糖を加えてハンドミキサーで泡立てる。卵黄には残りの砂糖とゴーヤの絞り汁を加えてハンドミキサーで8割程度まで泡立てる。

3　**2**を合わせ、ハンドミキサーで8割程度まで泡立てた生クリームを加えてさっくりと混ぜ、流し缶に流し入れて冷凍庫で冷やす。

4　一度固まったら、すりおろしたゴーヤの果肉を混ぜて、さらに冷やし固める。

5　スプーンでくり抜いて盛りつける。

コールラビと黒キャベツの含め煮

（2人前）
コールラビ　1個
煮汁
（だし10：淡口醤油0.8：味醂1）
黒キャベツ
美味だし（だし20：淡口醤油1：
味醂1、塩少量）
アサリ（殻つき）　200g
水　適量
ユズ

1 コールラビの皮を厚くむき、食べやすく一口大に切る。煮くずれしないので、面取りは不要。

2 たっぷりのだしを鍋に入れて、コールラビを煮る。沸いたら火を弱めてコトコトと煮る。火が入ったら淡口醤油、味醂で味をつけ、都合1時間半から2時間（コールラビ3個を煮るときの目安時間）煮る。

3 黒キャベツは熱湯で下ゆでして水にさらして苦みをほどよく抜く。美味だしに浸けておく。

4 アサリを鍋に入れ、アサリが1／3ほどかぶるくらいの水を加えて煮出す。殻が開いたら身を取り出す。

5 **2**の煮汁とアサリの煮汁を同量ずつ合わせておく。

6 提供時、コールラビとアサリをおのおの温めて盛りつけ、黒キャベツを添え、熱した**5**をかける。天にユズのせん切りを盛る。

根菜と鰆のお椀

新ゴボウ　適量
金時ニンジン　適量
新レンコン　適量
吸い地*
（だし500cc、淡口醤油5cc、
塩小さじ2／3）
三ツ葉
サワラ（切り身）　30g

*2〜3人前の分量。

1 新ゴボウ、金時ニンジン、新レンコンをそれぞれ細切りにして水にさらし、熱湯でサッとゆでて水にとる。

2 **1**の水気をきって、吸い地でサッと炊いておく。

3 三ツ葉は長さを合わせて切り、熱湯でサッとゆでて氷水にとり、吸い地に浸ける。

4 サワラは切り身にして塩をふって20分間おいて臭みをとる。串を打って炭火でふっくらと焼く。

5 椀に**4**のサワラを盛り、**2**と**3**の野菜をたっぷり盛り、熱い吸い地をはる。

堀川牛蒡と尾崎牛

牛肉と相性のよいゴボウを味わう焼物。秋から冬にかけて旬を迎える京の伝統野菜、堀川ゴボウは、含め煮、すりおろし、せん切りにしてカラリと揚げるなど、食感、味わいに変化をつけて牛肉のおいしさを底上げした。ソースに加えた胡麻油の香りと、揚げゴボウの食感がアクセント。牛肉は宮崎産の尾崎牛を使用した。（堀内）

（4人前）

ゴボウの煮物（3～4㎝長さ）　5切れ
牛ロース肉　100g
塩　少量
揚げゴボウ　適量
ゴボウのソース　適量
クレソン　1束
ソバの芽　1束

◎ゴボウの煮物

堀川ゴボウ　1本
米の研ぎ汁　適量
煮汁
（だし8：濃口醤油1、砂糖少量）

◎揚げゴボウ

堀川ゴボウ　1本
サラダ油　適量

◎ゴボウのソース

ゴボウの煮物　1本
胡麻油　少量

1　牛ロース肉は串を打って塩をふり、炭火で焼いて一口大に切る。

2　器に牛肉とゴボウの煮物を盛り、クレソンとソバの芽を添える。

3　ゴボウのソースをかけ、揚げゴボウを上に盛る。

◎ゴボウの煮物

1　堀川ゴボウは3～4㎝長さに切る。圧力釜に入れて米の研ぎ汁をゴボウがかぶる程度まで注ぎ、15分間加熱して柔らかく下ゆでする。20分間水にさらして研ぎ汁のクセを抜く。

2　筒抜きで芯を抜く。くり抜いた芯はゴボウのソースなどに利用する。

3　煮汁の材料を鍋に合わせ、**2**のゴボウを入れて30分間ほど煮る。そのまま冷まして味を含ませる。

4　提供時に串を打って炭火で焼く。

◎揚げゴボウ

1　堀川ゴボウを桂むきにして、せん切りにする。これを水に20分間ほどさらしてアクを抜く。

2　ペーパータオルで水気をふき、180℃のサラダ油でじっくり揚げる。取り出して油をきる。

◎ゴボウのソース

1　ゴボウの煮物**3**のゴボウを一部取り分けてミキサーにかけ、胡麻油を少量加えて香りをつけてソースとする。

ごぼう／煮物

新牛蒡肉詰め煮

春先に出回る柔らかい新ゴボウに牛挽肉を詰めて甘辛い味に炊いた惣菜風。お弁当や折詰の一品にも使える。（堀内）

ごぼう／揚物

牛蒡の新挽揚

ゴボウを叩いて食べやすく繊維をほぐし、新挽粉をつけてカリッと揚げ、コショウをたっぷりふったピリ辛のスナック風。ビールのつまみにも最適。（野﨑）

ごぼう／揚物

牛蒡の月冠揚

ゴボウの周りにアナゴを巻いてサクッと揚げた月冠揚。アナゴは骨切りをするとゴボウに巻きやすくなるし、天ぷら衣も絡みやすくなる。（野﨑）

新ゴボウ　1本
牛挽肉　200g
ショウガ（みじん切り）　少量
長ネギ（みじん切り）　少量
片栗粉　少量
塩、コショウ　少量
煮汁
（だし8：味醂1：濃口醤油1、砂糖少量）

1　ゴボウを5cm長さに切る。酢水に浸けてアク抜きをする。酢を加えた湯でゴボウが柔らかくなるまでゆでる。

2　水にとって管ゴボウをつくる（→202頁）。

3　牛挽肉にショウガ、長ネギ、片栗粉を混ぜ、塩、コショウで下味をつける。

4　**3**を**2**のゴボウに詰める。

5　鍋に**4**のゴボウを入れてかくれるくらいたっぷりの煮汁を注いで強火にかける。中の肉に火が通ったら弱火でコトコトと煮含める。鍋のまま冷まして味を含ませる。

6　両端を切り整えて盛りつける。

ゴボウ
下味用調味料
（淡口醤油5：日本酒1）
薄力粉、卵白、新挽粉　各適量
揚げ油　適量
コショウ

1　ゴボウは10cm長さに切り、4つ割りにする。すりこ木で軽く叩いて、下味用調味料を合わせた中に入れてもみ込み、汁気をきる。

2　ゴボウに薄力粉を刷毛でつけて溶いた卵白にくぐらせて新挽粉をまぶす。

3　170℃の油で揚げて油をきり、コショウをふる。

ゴボウ
煮汁（だし20：淡口醤油1）
アナゴ
薄力粉、揚げ油　各適量
天ぷら衣
（薄力粉100g、水200cc）
塩

1　ゴボウは10cm長さに切り、米糠を入れた水からゆでる。

2　柔らかくなったら、細い串を芯の周りに刺して丸くくり抜いて管ゴボウをつくる（→202頁）。芯を戻し、ふたたび水でゆでこぼして糠のクセを抜く。

3　煮汁を合わせ、**2**のゴボウを煮含めて冷ます。

4　アナゴは背開きにして皮1枚を残して骨切りをする。

5　**3**のゴボウの水気をふいて、薄力粉をまぶす。アナゴの皮を内側にしてゴボウに巻きつけて楊枝で留める。

6　薄力粉をまぶし、天ぷら衣にくぐらせて、170℃の油で揚げて塩をふり、切り分ける。ゴボウの芯を抜く。

さ

つまいも／寄せ物

さつま芋のチーズ寄せ

クリームチーズに蒸したサツマイモと干し柿を混ぜた。ほっくりとしたサツマイモの食感とねっとりとした干し柿の甘みでチーズに変化をつけた。（野﨑）

（18㎝角の流し缶1台分）

サツマイモ　200g
干し柿　100g
クリームチーズ　400g
水　80cc
粉ゼラチン　10g
淡口醤油　20cc
コショウ　適量
ショウガ（みじん切り）　30g
黄味芥子　適量

◎黄味芥子

卵黄　3個分
砂糖　大さじ1
酢　15cc
淡口醤油　5cc
溶き芥子　適量

1　サツマイモは1.5㎝角に切り、中火の蒸し器で10分間蒸す。干し柿は5㎜角に切る。クリームチーズは常温に出して柔らかくしておく。

2　**1**のクリームチーズに分量の水で戻した粉ゼラチンを混ぜ合わせる。サツマイモと干し柿、ショウガを加えて淡口醤油とコショウで味をつける。

3　**2**を流し缶に平らに流して冷やし固める。

4　**3**のチーズ寄せを切り出して串を刺し、黄味芥子を添える。

◎黄味芥子

1　ボウルに芥子以外の材料をすべて合わせて湯煎にかけ、絶えず泡立て器で混ぜる。

2　濃度がついてきたら火からはずして冷ます。裏漉ししたのち、溶き芥子を混ぜる。

さつまいも／デザート

安納芋と黒糖アイスクリーム

サツマイモを使ったボリューム感のある甘味。種子島特産の安納芋は黄金色をしていてねっとりとした食感と高い糖度が特徴。あつあつの芋にのせた黒糖アイスクリームが溶けてソースがわりになる。鹿児島県産の素材の組み合せ。（江﨑）

サツマイモ（安納芋）　1／2個
黒糖バニラアイスクリーム　適量

◎黒糖バニラアイスクリーム
生クリーム（乳脂肪分35％）　200cc
牛乳　100cc
卵黄　2個分
黒糖　100g
バニラビーンズ　1本

1　安納芋は皮つきのまま、水でぬらしてアルミホイルでふわっと包む。220℃のオーブンで1時間加熱する。

2　半分に割って、断面に黒糖バニラアイスクリームをのせる。

◎黒糖バニラアイスクリーム

1　牛乳、卵黄をよく混ぜる。混ざったら弱火にかける。

2　温まったら黒糖を入れて沸かして溶かす。溶けたら氷水に鍋ごとあてて冷ます。

3　生クリームを泡立て器で六分立てに泡立て、**2**と合わせる。

4　アイスクリームマシンの中に**3**を入れて50分間ほど回してアイスクリームをつくる。ポットに移して冷凍庫で保管する。

芋羊羹　黒胡麻掛

蒸したサツマイモの裏漉しに砂糖蜜を加えてのばし、のど越しをよくし、食べやすくした芋羊羹は、黒胡麻ペーストでアクセントをつけた。（野﨑）

（21㎝角の流し缶2台分）

サツマイモ（裏漉し）　700g
水　1リットル
砂糖　300g
粉寒天　4g
粉ゼラチン　10g
水飴　30cc
塩　少量
黒胡麻クリーム

◎黒胡麻クリーム

黒胡麻ペースト　150g
水　60cc
砂糖　50g
濃口醤油　20cc

1　サツマイモは丸のまま、強火の蒸し器に入れて40分間蒸し、皮をむいて裏漉しする。

2　1を鍋に入れ、水、砂糖、粉寒天を加えて火にかける。一煮立ちしたら、中火にして木ベラで2分間ほど練り、水で戻した粉ゼラチン、塩、水飴を加える。

3　2を流し缶に流して冷やし固める。

4　3の芋羊羹を切り出して器に盛り、黒胡麻クリームをかける。

◎黒胡麻クリーム

1　黒胡麻ペーストをすり鉢に入れて水でのばし、砂糖、濃口醤油で味を調える。

し

そ／デザート

フルーツポンチ 赤紫蘇のシロップで

赤紫蘇シロップを使った和風フルーツポンチ。ゼラチンでゆるくとろみをつけてフルーツに絡みやすくしている。一晩フルーツを浸けておくと味がなじむ。

（江崎）

スイカ
メロン
白桃、レモンの絞り汁
サクランボウ
赤紫蘇シロップ（↓15頁）
粉ゼラチン
　シロップ500ccに対して5g

---

1 スイカ、メロン、白桃を一口大に切る。白桃は褐変するのでレモンの絞り汁をまぶす。

2 **1**のフルーツを赤紫蘇シロップに1晩浸ける。各種フルーツの色が赤く染まって見栄えは多少悪くなるが、味はよくなじむ。その場でフルーツに注いでもよい。ここでは後者の方法をとった。

3 グラスに**1**のフルーツを入れて赤紫蘇シロップをたっぷり注ぐ。サクランボウを添えて提供。

アレンジメニュー

赤紫蘇情熱ジュース

ゼラチンで濃度をつける前の赤紫蘇シロップを氷で割ったノンアルコールのアペリティフ。炭酸水やジュース類で割ってもいいだろう。

じ ゃがいも／和え物

じゃがいもと空豆の胡麻和え

ドラゴンレッドという煮くずれしにくい長崎産の赤色ジャガイモとソラマメを胡麻和えに。つくりたて感が大事なので提供直前に和えるのがコツ。（江﨑）

じ ゃがいも／ご飯

新じゃが芋の混ぜご飯 バター風味

メークインと男爵の特徴を併せもった「黄金メーク」を使った。ゆがいて淡口醤油で炒めて香りをつけたジャガイモを、炊きたてご飯に混ぜるだけ。ジャガイモは味を吸いやすいので、味つけは控えめに。（江﨑）

じ ゅんさい／酢の物

順才キウイ酢

キウイの青っぽい香りが、ジュンサイとよく合う。酢の酸味は飲めるように調整する。真っ白いユズの蕾を添えて。（野﨑）

ジャガイモ（ドラゴンレッド種） 1個
ソラマメ 適量
胡麻和え衣

◎胡麻和え衣
白胡麻ペースト 大さじ4
すり胡麻（白） 大さじ4
淡口醤油 15cc
塩 適量
砂糖 大さじ1
だし 適量

1 ジャガイモは皮をむいて、丸のまま水から柔らかくなるまでゆでる。
2 ソラマメはサヤから取り出し、熱湯でゆでて皮をむく。
3 提供直前にジャガイモとソラマメを胡麻和え衣で和える。

◎胡麻和え衣
1 白胡麻ペーストにすり胡麻、淡口醤油、塩、砂糖をすり混ぜる。濃度をゆるめたいときは、だし適量を加えて調節する。

新ジャガイモ（黄金メーク） 小1個
バター 5g
塩 小さじ2／3
淡口醤油 10cc
半ずり胡麻（白） 適量
ご飯 1合

1 ジャガイモの皮をむいて角切りにする。水から柔らかくゆでておか上げしておく。提供時に、炒めてご飯と混ぜる。
2 フライパンにバターを溶かし、1のジャガイモを入れて塩と半ずり胡麻を加えて味をつけ、最後に淡口醤油をたらしてからませる。
3 炊きたてのご飯に2を混ぜて提供する。

ジュンサイ
キウイ酢
花ユズ

◎キウイ酢
キウイ（すりおろし） 2
松前酢（昆布だし3：酢2：淡口醤油1：味醂1） 1

1 ジュンサイは水で洗ってザルに上げて水をきる。
2 小さな器にジュンサイを盛り、キウイ酢を流して花ユズを添える。

◎キウイ酢
1 キウイフルーツは皮をむいて種と芯を切り落としてすりおろす。
2 キウイに対して半量の松前酢を合わせる。松前酢は材料を合わせて火にかけ、一煮立ちさせて冷ましたもの。

じゅんさい／椀物

順菜と鱧の白出汁ジュレ泡がけ

吸い地にゼラチンを溶かして冷まし、攪拌すると淡雪のような白い泡状になる。ハモとジュンサイをこの白だしジュレですすめる。時間がたつと液状になるので、提供直前に泡立てるとよい。（堀内）

ジュンサイ　8g
ハモ　20g
葛粉、塩　各適量
白だしジュレ
梅干　1個
青ユズ
花穂紫蘇

◎白だしジュレ
白だし（だし12：淡口醬油0.5：味醂0.5）470cc
板ゼラチン　9.9g

1　ジュンサイは熱湯にサッとくぐらせて冷水にとり、色どめをする。
2　ハモをおろして骨切りし、一口大に落とす。刷毛で葛をまぶし、塩を入れた湯に入れる。身が開いたら冷水に落として水気をきる。
3　白だしジュレを器に適量流し、湯引きしたハモ、ジュンサイを盛り、叩いた梅干、ほぐした花穂紫蘇を添える。青ユズの皮をすってふる。

◎白だしジュレ
1　白だし470ccを合わせて沸かし、水で戻した板ゼラチン9.9gを溶かして鍋ごと冷ます。
2　固まってきたらハンドミキサーにかけて攪拌させて白い泡状にする。

じゅんさい／鍋物

順才のしゃぶしゃぶ

大きく育ったジュンサイは牛肉のしゃぶしゃぶですすめる。このとき鍋の湯を70℃に保つと、ジュンサイの色と周りのゼリー状が変化せず、旨みも保持できる。（野﨑）

ジュンサイ
牛肉（すきやき用）
加減酢

◎おろし生姜酢
だし　200cc
淡口醤油　40cc
酢　40cc
カツオ節　少量
ショウガ　少量

1　ジュンサイは水で洗ってザルに上げて水気をきる。

2　土鍋に湯を入れてジュンサイをたっぷり入れる。各自牛肉を広げてジュンサイを包み込むようにして取り出し、別に添えたおろし生姜酢をつけて食べる。

◎おろし生姜酢

1　鍋にだし、淡口醤油、酢、カツオ節を入れて火にかける。一煮立ちしたら漉して冷ましておく。おろしショウガを入れる。

順才と素麺 温玉添え

ノド越しのよいもの同士を合わせた、夏の冷たい一品。ジュンサイは大小いろいろあるが、食べやすいように、ここでは小さめのジュンサイを使ってみた。（野﨑）

ジュンサイ 50g
卵 1個
素麺 10g
加減酢

◎加減酢
だし 200cc
淡口醤油 40cc
酢 40cc
カツオ節 少量

1 ジュンサイは水で洗って熱湯でサッとゆでて冷水にとり、ザルで水をきる。

2 卵は常温に戻し、70℃の湯で20分間ゆでて冷水にとり、温泉玉子をつくる。

3 素麺は10gくらいの束にまとめて、先端の2㎝を熱湯に10秒間浸けて取り出し、5分間ほどおいて粗熱をとって固める。固まったら熱湯に全体を入れてゆでて冷水にとる。こうすると素麺がばらけずにすむ。

4 器に殻をむいた温泉玉子、端を切った素麺、ジュンサイを盛り、加減酢をかける。

◎加減酢

1 鍋にだし、淡口醤油、酢、カツオ節を入れて火にかける。一煮立ちしたら漉して冷やしておく。

しょうが／揚物

谷中生姜 蟹真丈揚げ

谷中ショウガは春に出回る葉ショウガ。早い時期のものは辛みが少なくみずみずしい。ショウガの根の周りにカニ真丈をつけた変わり揚げ。（堀内）

谷中ショウガ　3本
カニ真丈　20g×3
片栗粉　適量
揚げ油　適量

◎カニ真丈
白身すり身　500g
玉ネギ（みじん切り）　2個
玉子の素　少量
カニ身　200g

1 谷中ショウガは皮を薄くむき、水に3分間ほど浸けてアクを抜く。

2 水気をふいて、周りにカニ真丈をつけて片栗粉をまぶし、170℃の油でゆっくり火を通す。中のショウガにも軽く火を通すが、火を入れすぎるとショウガの風味が損なわれてしまうので注意する。

3 油をきって盛りつける。

◎カニ真丈

1 玉ネギを水にさらしてアクを抜いて絞っておく。

2 すり鉢にすり身を入れてよくすり、玉子の素、1の玉ネギを入れて混ぜ、最後にカニ身をさっくりと合わせる。

しょくようか／造り

春花と桜鯛のお造り

皮が美しいサクラダイは松皮造りにし、薬味とカラフルな食用花をたっぷり散らした春らしいカルパッチョ。オリーブ油にリンゴ酢と醤油を加えたドレッシングで和風の味わいに。（堀内）

せり／焼物

芹の肉巻

隠し味にショウガのせん切りを加えて牛肉のクセをやわらげた。ゆでたセリに肉を巻くときには竹串を1本中に入れると巻きやすくなる。（野崎）

せ
り／揚物

芹と白魚のかき揚げ

シラウオは揚げすぎると水分が抜けてしまうので、短時間で火が通るセリをたっぷり合わせてかき揚げにした。セリは繊維質が多い野菜で、根も料理に利用することができる。（野﨑）

せ
り／揚物

芹の葉のかき揚げと根の天ぷら

セリの根が主役の天ぷら。春らしい素朴な土の香りのするセリの根は、揚物にすると葉以上に風味がたって存在感がある。（江﨑）

春花と桜鯛のお造り

（2人前）

タイ（サクラダイ） 1サク
ミョウガ 2パック（6個）
カイワレ菜 2パック
大葉 20枚
花穂紫蘇 1本
食用花* 適量
ドレッシング**（濃口醤油1：リンゴ酢1：オリーブ油1）

＊野菜と同じように安全に食べられるよう無農薬で栽培されたもの。見た目が美しいだけでなく、野菜よりもビタミンやミネラル分が多いため、イタリアなどでは野菜のように使用されている。

＊＊使用する都度、よく攪拌する。

1 サクラダイをおろし、サク取りする。皮目にサラシをかぶせて、上から熱湯をかけ、氷水に落とす（松皮造り）。

2 水気をふいて平造りにする。

3 ミョウガと大葉をせん切りにする。カイワレ菜は長さを合わせてざく切りにする。

4 器にタイを盛り、ドレッシングをかける。**3**の薬味野菜、ほぐした花穂紫蘇を散らし、食用花を飾る。

芹の肉巻

セリ
ショウガ（せん切り）
昆布立て（水500cc、昆布5cm角1枚、塩大さじ1）
牛肉（薄切り）
塩、コショウ 各適量
卵白、白胡麻 各適量
黄味おろし
スダチ

◎黄味おろし

大根おろし 100g
卵黄 2個分
塩 適量

1 セリは熱湯でゆでて冷水にとり、水気をきる。

2 昆布立ての材料を鍋に合わせて一煮立ちさせて冷ましておく。**1**のセリを昆布立てに1時間ほど浸けたのち、水気を絞っておく。

3 牛肉の薄切り（どの部位でもよい）をまな板に並べ、セリとせん切りのショウガをらせん状に巻く。中に竹串を1本入れておくと扱いやすくなる。巻いたら金串を打ち、塩、コショウをふって天火で焼く。

4 表面に焼き色がついたら溶いた卵白を塗り、白胡麻をふって、乾かす程度にあぶる。

5 金串をはずし、竹串を抜いて肉巻を切り出して、スダチと黄味おろしを添える。

◎黄味おろし

1 大根おろしに卵黄を混ぜ、塩で味を調える。

芹と白魚のかき揚げ

シラウオ
セリ
薄力粉、揚げ油、塩　各適量
天ぷら衣（薄力粉40g、水100cc）

1　セリは2.5cmに切りそろえる。シラウオは1％の塩水で洗ってザルにとり、水気をふく。
2　セリとシラウオをボウルに入れて、薄力粉をまぶす。
3　天ぷら衣を薄く水でのばし、**2**の中に入れてさっくりと混ぜ、シャモジですくって170℃の油で揚げる。
4　サクッと揚がったら塩をふる。

芹の葉のかき揚げと根の天ぷら

セリ
天ぷら薄衣（薄力粉250g、冷水500cc、卵黄1個分）
太白胡麻油　適量
塩

1　セリは根をよく洗い、根元から切る。葉はざく切りにしておく。
2　天ぷら薄衣の材料を合わせておく。セリの根に薄力粉をまぶし、天ぷら薄衣にくぐらせ、170℃の太白胡麻油でサッと揚げる。
3　葉は小さいボウルに入れて薄力粉をまぶし、天ぷら薄衣適量を加える。穴杓子ですくって、170℃の太白胡麻油でサッと揚げる。
4　油をきって盛り、塩を添える。

そらまめ／揚物

空豆海老挟み新挽揚

ソラマメを割って、間に叩いたエビを挟んだ揚物。真っ白な新挽粉と淡いソラマメの色の対比が美しいので、色づけないように揚げるが、カリッとした食感は出したい。（野﨑）

そらまめ／デザート

空豆密煮 オレンジ掛

ソラマメの甘さとオレンジの酸味を合わせた。味のアクセントに黒蜜ゼリーを添えてみた。ソラマメは煮すぎないことがポイント。（野﨑）

だいこん／寄せ物

寄せ大根

卵白で大根を寄せて蒸したもの。大根はおろすと形がくずれやすいし、食感がなくなるので、フードプロセッサーで細かく切る。白と緑と赤の色合いが美しい。（野崎）

だいこん／酢の物

千段なます

なます地に浸けた大根でサーモンを挟んで巻いた。しんなりした大根はサーモンと食感が合うし、味も合う。3重以上に重ねることを千段という。（野崎）

空豆海老挟み 新挽揚

ソラマメ
エビ
薄力粉
卵白、新挽粉、揚げ油
塩

1 エビは殻と背ワタを取り、細かく切って包丁の腹で叩き潰してねっとりさせる。
2 ソラマメはサヤから取り出して皮をむく。半分に割って、内側に刷毛で薄力粉をまぶし1を挟む。
3 周りにも薄力粉をまぶし、布漉しした卵白にくぐらせて、新挽粉をまぶす。
4 160℃の油で揚げて、塩をふる。

空豆蜜煮 オレンジ掛

ソラマメ 60g
砂糖蜜
（水200cc、砂糖75g）
黒蜜ゼリー
白玉団子
オレンジの絞り汁

◎黒蜜ゼリー
黒砂糖 125g
砂糖 50g
水 100cc
粉寒天 2g
水あめ 大さじ2
酢 5cc
粉ゼラチン 2g

◎白玉団子
白玉粉 100cc
水 90cc

1 ソラマメはサヤをはずして皮をむき、熱湯で少し歯応えが残るようにゆでてザルにとる。
2 水に砂糖を溶かして火にかけ、砂糖蜜をつくる。
3 ソラマメが温かいうちに、温かい2の砂糖蜜に移して弱火で5分間ほど煮たら、すぐにボウルに移して氷水にあてて冷やす。
4 器にソラマメの蜜煮、小角に切った黒蜜ゼリー、白玉団子を盛り、オレンジの絞り汁をかける。

◎黒蜜ゼリー
1 鍋に黒砂糖、砂糖、水、粉寒天を入れて混ぜ合わせ、中火にかける。沸騰直前で弱火にして2分間ほど煮詰める。
2 煮詰めたら水あめ、酢を加えて混ぜる。これが黒蜜。火を止めて水で戻した粉ゼラチンを入れて溶かす。
3 流し缶に薄く流して冷やし固める。

◎白玉団子
1 ボウルに白玉粉を入れ、水を少しずつ加えてこねる。これを棒状にのばして、小口から切る。これを丸めて真ん中をくぼませる。
2 湯を沸かし、中火で1をゆでる。浮いてきて、表面に透明感がでてきたら氷水にとる。

寄せ大根

（18㎝角の流し缶1台分）

大根（みじん切り）　500g
卵白　2個分
塩　小さじ0.5
クレソン餡（↓16頁）
サイマキエビ

1　大根は皮をむいて一口大に切り、フードプロセッサーにかけて細かく切る。これを熱湯にくぐらせて水気をきっておく。

2　**1**に布漉しした卵白と塩を加えてよく混ぜ、流し缶に流して中火の蒸し器で15分間火を通す。

3　サイマキエビは背ワタを抜いて熱湯でゆでる。

4　**2**の粗熱がとれたら切り出し、器に盛る。クレソン餡をかけ、殻をむいたエビを添える。

千段なます

大根、塩
なます地（だし3：酢2：味醂1：淡口醤油1）
サーモン、塩、酢
黄味酢
ボウフウ

◎黄味酢
卵黄　3個分
砂糖　大さじ1
酢　15cc
淡口醤油　5cc

1　大根は厚さ2㎜に桂むきし、2％濃度の塩水に浸けてしんなりさせる。

2　鍋になます地を合わせて火にかけ、一煮立ちさせて冷まし、**1**を浸けて2時間おく。地を新しくかえて本浸けをする。

3　サーモンは三枚におろして皮をひき、重量の5％量の塩をまぶして1時間半～2時間おく。水洗いして塩を落としたのち酢洗いをして、薄くそぎ切りにする。

4　巻き簾の上にラップフィルムを敷き、**2**の大根を広げて**3**のサーモンを重ね、端から巻く。輪ゴムで留めて15分間ほど冷蔵庫でなじませる。

5　**4**を切り出して器に盛り、黄味酢をかける。ボウフウを添える。

◎黄味酢

1　ボウルに黄味酢の材料を合わせてよく混ぜ、湯煎にかけてとろみがつくまで練る。

2　冷めたら裏漉しする。

だ

いこん／和え物

大根ロール

桂むきの大根を生春巻に見立てて、ショウガを効かせたエスニック風のキャロットジンジャーソースですすめる。素材にクセがあったり肉に合わせる場合は、ショウガの分量を増やし、ディップ風に使うときには減らすなど調整する。（江﨑）

だ

いこん／造り

冬大根と寒鰤のお造り

甘みののった冬の4種類の大根をスライスと鬼おろしに形を変えて、脂ののったブリにたっぷり添えた。つけ醤油はなし。ユズコショウとユズの絞り汁を加えた鬼おろしでブリをすすめる。（堀内）

だいこん／鍋物

聖護院大根牡蠣のみぞれ鍋

秋から冬にかけて甘みが増す聖護院大根と大粒のカキを鍋料理に仕立てた。1種の野菜を2通りに楽しむ小鍋。（堀内）

大根ロール

大根ロール
　大根
　キュウリ
　アマエビ　ロール1本につき3本
　紫キャベツの甘酢漬け
　紫ホウレン草
　チャイブ　適量
キャロットジンジャーソース
（→12頁）
土佐ブンタン
ロマネスコ

◎紫キャベツの甘酢漬け
紫キャベツ
甘酢（リンゴ酢100cc、白ワイン180cc、米酢30cc、塩小さじ1.5）
ローリエ　2枚
黒粒コショウ　3粒

1　大根ロールをつくる。大根とキュウリは長さ8cmに切って桂むきにする。少ししんなりするまで塩水に浸けておく。

2　大根とキュウリを重ね、キャロットジンジャーソースを塗る。紫キャベツの甘酢漬け、アマエビ（薄い甘酢にくぐらせる）3本、紫ホウレン草、長めに切ったチャイブをのせて巻く。

3　器に大根ロールを2本盛る。キャロットジンジャーソースを3ヵ所に流し、ブンタン、紫キャベツの甘酢漬け、ロマネスコ（熱湯でゆでて冷水にとる）を添える。

◎紫キャベツの甘酢漬け

1　紫キャベツをせん切りにして熱湯でゆで、冷水にとって水気を絞る。

2　甘酢の材料を合わせ、ローリエと黒粒コショウを加えて紫キャベツを1晩以上浸ける。

冬大根と寒鰤のお造り

大根鬼おろし　30g
ブリ　50g
ユズ　少量
万能ネギ　少量

◎大根鬼おろし
大根　1／4本
レディス大根　1本
黒大根　1本
紫大根　1本
ユズの絞り汁　8cc
ユズコショウ　5g

1　さく取りしたブリを平造りにして5切れ盛る。細かく切ったユズの皮と万能ネギを散らす。

2　大根鬼おろしをたっぷり添える。

◎大根鬼おろし

1　レディス大根、黒大根、紫大根を薄い半月切りにし、薄い塩水（分量外）に浸けてしんなりさせる。

2　大根を鬼おろしでおろし、ユズの絞り汁とユズコショウを混ぜる。

3　**2**に**1**の3種の大根を適量混ぜ合わせる。

聖護院大根 牡蠣のみぞれ鍋

カキ（むき身） 8個
聖護院大根 煮物用1／2本、
　鬼おろし用1／4本
米の研ぎ汁 適量
煮汁（だし280cc、昆布5g、
　淡口醤油36cc）
鍋のだし（だし16：淡口醤油1：
　味醂1）
ミズナ、金時ニンジン
浸し地
　（だし12：淡口醤油1：味醂1）
針ユズ

1 カキは、水洗いして汚れを取り除く。

2 煮物用の聖護院大根は皮をむいて厚めのいちょう切りにする。米の研ぎ汁で柔らかくなるまでゆでる。

3 2をきれいな水に1時間ほどさらしたのち、水からゆでこぼして研ぎ汁のにおいを抜く。ザルにとって水気をきっておく（おか上げ）。

4 鍋に煮汁の材料と3の聖護院大根を入れて、15分間ほど煮てそのまま冷ます。

5 ミズナは熱湯でゆでて水にとって水気を絞る。金時ニンジンは紅葉型で抜いて（→199頁）サッとゆでて浸し地に浸けておく。

6 小鍋に4の大根を入れ、鍋のだしを入れて炊く。大根が温かくなったらカキを入れる。

7 カキに火が通ったら、鬼おろしでおろした聖護院大根をたっぷり入れ、ミズナ、金時ニンジン、針ユズを添える。

たけのこ／和え物

筍、パイナップル、寒縮ほうれん草のサラダ

生のパイナップルと、肉厚のホウレン草、アク抜きしたタケノコをドレッシングで和えたサラダ。意外な素材同士の味の組み合せを楽しんでいただく。タケノコの淡い苦みとパイナップルの甘み、ホウレン草の青っぽい香りがじつによく合い、お互いを引き立てている。（江﨑）

たけのこ／揚物

筍挟み揚

掘りたての香りと味を生かしたタケノコの挟み揚げ。エビを叩いて2枚のタケノコの間に挟んで揚げて、エビの旨みとタケノコのボリュームで、満足感のある一品に仕上げた。（野﨑）

た

けのこ／蒸し物

筍と鯛 海老真丈 鳴門蒸し

桂むきしたタケノコの上に昆布締めにしたタイと、エビ真丈を薄くのばして鳴門のうず潮のように巻いて蒸し上げた2種の鳴門蒸し。（堀内）

た

けのこ／ご飯

筍ご飯

タケノコは、大根おろし汁に浸けてアクを抜くと、長時間米糠でゆでなくてすむので旬のタケノコの香りや風合いを残すことができる。タケノコはコロコロに切ったほうが満足感が高まる。（野﨑）

アク抜き汁に浸けたタケノコ。生の味わいや食感などの風合いを残すことができる。

筍、パイナップル、寒縮ほうれん草のサラダ

パイナップル　80g
タケノコ（アク抜き済）　80g
寒縮ホウレンソウ　3枚
ドレッシング　適量

◎ドレッシング
白ワインヴィネガー　50cc
太白胡麻油　150cc
塩　6g

1　パイナップルは皮と芯を除いて、5㎜厚さの色紙切りにする。

2　タケノコはアク抜きをし（赤唐辛子は入れずに米糠のみでアク抜きする）、水からゆでこぼす。食べやすい薄切りにする。

3　ホウレンソウは大きめに切る。

4　提供時に**1**～**3**をドレッシングで和えて彩りよく盛りつける。

◎ドレッシング

1　材料をすべて合わせて泡立て器で攪拌する。

筍挟み揚

タケノコ　100g
アク抜き汁（水250cc、大根おろし汁250cc、塩5g）
エビ　適量
淡口醤油　少量
薄力粉、揚げ油、塩　各適量
天ぷら衣
（薄力粉100g、水200cc）
木ノ芽　適量

1　タケノコは皮をむいて、かたい底面を切り落とし、根元の突起をむき取る。縦半分に切り、5㎜厚さの短冊切りにする。アク抜き汁に3時間浸ける。水で洗って水気をふく。

2　エビは殻をむいて背ワタを抜き、細かく切ってからすり鉢ですり潰し、少量の淡口醤油で下味をつける。

3　**1**のタケノコに刷毛で薄力粉をまぶし、**2**のエビを挟む。

4　**3**の周りに刷毛で薄力粉をまぶし、天ぷら衣にくぐらせて、180℃の揚げ油で揚げる。塩をふり、叩いた木ノ芽を散らす。

筍と鯛　海老真丈　鳴門蒸し

タケノコ　1本
煮汁
（だし12：淡口醤油1：味醂1）
タイ　50g
塩、昆布　各適量
エビ真丈
コゴミ＊　1本
木ノ芽
銀餡＊＊

◎エビ真丈
クルマエビ　25g
玉子の素（↓64頁）　5g

＊熱湯でゆでて水にとり、浸し地（だし12：味醂1：淡口醤油1）に浸けておく。
＊＊だし16を熱し、淡口醤油0.8、味醂0.5、日本酒0.5を表記の割で加えて味をつけ、水溶きの葛粉でとろみをつける。

1　タケノコは米糠を入れた水で柔らかくなるまでゆでて水洗いする。
2　**1**のタケノコを適宜に切って、煮汁でサッと炊いて味を含ませ、鍋のまま冷ます。
3　タケノコの根元を桂むきにして突起を取り除く（↓201頁）。
4　タイを三枚おろしにして薄塩をあて、昆布で挟んで10時間冷蔵庫において昆布締めにする。
5　巻き簾の上に**3**のタケノコを広げ、**4**のタイをのせて端から巻く。
6　**5**と同様に巻き簾の上にタケノコを広げて、エビ真丈を塗りのばして端から巻く。
7　**5**と**6**をそれぞれ巻き簾の上からラップフィルムで包んで強火の蒸し器で10分間蒸す。
8　**2**種の鳴門巻きを切り出して器に盛り、銀餡をかけ、コゴミを切って添え、木ノ芽を添える。

◎エビ真丈
1　エビを包丁で粗く叩いて食感を生かす。ここに玉子の素を入れてよく混ぜる。

筍ご飯

タケノコ　2本（150g）
アク抜き汁（水500cc、
　大根おろし汁500cc、塩10g）
油揚げ　1枚
煮汁（水10：淡口醤油1：日本酒1）
米　3合
炊き地（水450cc、淡口醤油45cc、
　日本酒45cc）
木ノ芽

1　タケノコは皮をむいて、かたい底面を切り落とし、根元の突起をむき取る。一口大に切ってアク抜き汁に3時間浸ける。水で洗ったのち、ゆでこぼしてザルに上げる。
2　米は洗米し、15分間浸水させたのち、ザルに上げて15分間おく。
3　油揚げは熱湯に入れて油抜きをし、ザルに上げる。フードプロセッサーで細かくして鍋に移し、浸るくらいの煮汁を注いで一煮立ちさせ、冷ましておく。
4　土鍋を用意し、**2**の米を入れ、合わせた炊き地を注いで、汁気をきった油揚げ、タケノコを入れる。
5　最初は強火で7分間、沸騰したら中火にして7分間、さらに弱火にして7分間、極弱火で5分間加熱したら火を止める。5分間蒸らして木ノ芽を散らす。

ずわい蟹の菊花和え つるむらさきの花

ゆでたツルムラサキを甘酢に浸けると、甘酢が鮮やかな紫色に変色する。フレッシュな酸味を生かしたスダチゼリーで寄せたズワイガニと旬の菊花に紫色の甘酢をかけた。（堀内）

とうがらし／和え物

万願寺甘長唐辛子と鶏胸肉の梅肉和え

鶏胸肉は昆布の上にのせて旨みをつけて、半分まで日本酒を注いで蒸ししっとり火を入れる。梅肉ソースの酸味でアクセントをつける。（江崎）

とうがらし／煮物

じゃこ青唐

シシトウをたっぷりきざんでジャコと一緒に炊いた常備菜。粉サンショウをきかせるのがポイント。（野崎）

ずわい蟹の菊花和え つるむらさきの花

（4人前）
ズワイガニ　1杯
菊花　1パック
土佐酢（だし3：リンゴ酢1：淡口醤油1）
ツルムラサキの花　1パック
レンコン　1節
塩　少量
甘酢
（水270cc、リンゴ酢180cc、砂糖50g、塩3g）
スダチゼリー
よりショウガ　1枚
蛇の目キュウリ　2枚

◎スダチゼリー（4人前）
スダチの絞り汁　9cc
味醂　18cc
淡口醤油　18cc
だし　216cc
粉ゼラチン　7g

1　ズワイガニを水洗いし、蒸し器で20分間蒸す。蒸し器から取り出して冷まし、ばらして肉をほぐしておく。

2　菊花は熱湯でゆでて水にとる。水気を絞って土佐酢に浸けておく。

3　ツルムラサキの花は熱湯でゆでて水にとって冷まし、甘酢に浸けて色を出す。

4　レンコンを花形にむいて酢水に浸けてアクを抜く。塩を入れた湯で5分間ほどゆでてザルに上げ、塩をふって適宜に切って甘酢に浸ける。

5　ズワイガニと菊花をボウルに入れて混ぜる。ここに粗熱がとれたスダチゼリーを加えてさらに混ぜて流し缶に流して冷やし固める。

6　グラスに**3**の甘酢を入れ、**5**をスプーンですくって盛り、レンコン、ツルムラサキの花、よりショウガ、蛇の目キュウリを添える。

◎スダチゼリー

1　だし、味醂、淡口醤油を合わせて火にかけて沸かす。

2　火を止めてスダチの絞り汁を加え、水で戻した粉ゼラチンを溶かす。

万願寺甘長唐辛子と鶏胸肉の梅肉和え

万願寺甘長トウガラシ　2本
鶏ムネ肉　70g
梅肉ソース（↓14頁）

1　甘長トウガラシは表面にうっすらと焼き色がつくように網焼きする。

2　鶏ムネ肉は均等な厚さに切りそろえる。バットに昆布を敷いて、ムネ肉を並べ、半分の高さまで日本酒を注いで蒸し器で12分間（ムネ肉1枚を蒸すときの目安時間）蒸す。

3　ムネ肉の粗熱がとれたら手で割き、梅肉ソースで和える。甘長トウガラシも食べやすく切って梅肉ソースで和える。

4　甘長トウガラシとムネ肉を重ねるように盛りつける。

じゃこ青唐

シシトウ　80g
ジャコ　50g
煮汁（日本酒60cc、濃口醤油15cc、味醂15cc）
粉サンショウ　適量

1　シシトウはヘタを取って、小口から厚さ3mmに切る。

2　鍋に煮汁の材料を合わせて煮立て、シシトウとジャコを入れて汁気がなくなるまで煮絡める。

3　器に盛りつけ、粉サンショウをふる。

と うがらし／揚物

青唐海老射込揚

ここではエビの糝薯を使ったが、何を混ぜてもいいだろう。アワビのエンガワをすりおろしてすり身に混ぜれば、アワビ射込となる。(野崎)

シシトウ
エビ、淡口醤油
薄力粉
天ぷら衣
(薄力粉100g、水200cc、卵黄1個分)、揚げ油、塩

1 シシトウはヘタを取り、包丁で縦に切り目を入れる。

2 エビは殻と背ワタを取り除き、塩水で洗って水気をふく。包丁で細かく叩いて淡口醤油で味をつける。

3 シシトウの内側に薄力粉をまぶして**2**を詰める。

4 全体に薄力粉をまぶして天ぷら衣にくぐらせて、170℃の油で揚げて塩をふる。

と

とうがらし／揚物

万願寺唐辛子 海老真丈挟み揚げ 赤万願寺ソース

万願寺唐辛子に、真丈にしたエビを詰めて揚げた。添えた赤いソースは、赤万願寺唐辛子を炒めてミキサーにかけたもの。鮮やかな赤色は退色しにくいので、つくりおきして、鶏肉、豚肉、焼き魚などに合わせるといいだろう。（堀内）

万願寺トウガラシ　2本
エビ真丈
片栗粉、揚げ油　各適量
赤万願寺ソース（↓16頁）

◎エビ真丈
エビ　5本
すり身　200g
玉子の素（↓64頁）　少量

1 万願寺トウガラシは縦半分に切って種を取り除く。
2 エビ真丈を1の万願寺トウガラシに詰め、片栗粉をまぶして、180℃の油でゆっくり揚げる。
3 2を盛りつけ、赤万願寺ソースを添える。

◎エビ真丈
1 すり身と玉子の素をフードプロセッサーにかけて真丈地をつくる。
2 ここに包丁でざっくりと叩いたエビを混ぜる。

と

うがん・なす／汁物

茄子そうめんと冬瓜そうめん

ナスとトウガンを素麺のように細く切って冷やした吸い地に浮かべた夏の汁物。先付にも向く。ナスは水を吸うと重くなって沈みやすいのだが、片栗粉を打ってゆでておくと写真のように漂った状態が保てる。素麺カボチャでも応用できる。（堀内）

長ナス、片栗粉
トウガン、塩
素麺だし＊（だし12：淡口醤油0.5：味醂1：濃口醤油0.5、追ガツオ）
花穂紫蘇

＊素麺だしはあらかじめ材料を合わせて一煮立ちさせ、漉して冷やしおく。

1 長ナスを桂むきにしたのち、せん切りにして水にさらしてアクを抜く。水気をふいてボウルに移し、片栗粉をまぶす。

2 片栗粉を溶かし入れた湯で**1**をゆでる。火が通ったら水に落して水気をきって、適量をグラスに盛り、素麺だしを注ぐ。上からほぐした花穂紫蘇を散らす。

3 トウガンは薄く切ったのち、せん切りにして水にさらしてアクを抜く。塩少量を加えた湯でゆでて火を通し、氷水に落とす。

4 トウガンは別に丸抜きで丸くくり抜き、湯でゆでる。火が通ったら氷水に落とし、素麺だしに浸けておく。

5 **3**の水気をきって適量をグラスに盛り、素麺だしを注ぐ。**4**のトウガンを盛りつける。

とうもろこしと鱧の冷製

ハモと相性のよいトウモロコシを冷たいすり流しにしてハモの落としと合わせた。トウモロコシは皮つきで蒸すと独特の香りと旨みが残る。未熟なトウモロコシ、ヤングコーンを散らして。（堀内）

すり流し
トウモロコシ
ヤングコーン
浸し地（だし12：
　淡口醤油1：味醂1）
ハモ、葛粉
赤万願寺ソース（↓16頁）

◎すり流し
トウモロコシ　1本
塩　少量
牛乳　200cc
バター　大さじ1
だし　300cc

1 ハモをおろして骨切りし、一口大に切り落とす。

2 ハモの切り目に葛を打って湯に落とし、火が通ったら氷水にとって水気をきる。

3 ヤングコーンは熱湯でゆでて浸し地に浸けておく。

4 器にハモを盛る。ここに冷たいすり流しを流し、小口から切ったヤングコーンとトウモロコシの粒を散らし、赤万願寺ソースを添える。

◎すり流し

1 トウモロコシを皮ごと蒸し器に入れて15分間ほど蒸す。トウモロコシの皮をむき、粒を桂むきの要領でむき取る。飾り用に粒を少し取っておく。

2 鍋にすり流しの材料をすべて入れて火にかける。温まったらミキサーにかけ、冷やしておく。

と

うもろこし／揚物・しのぎ

とうもろこしの握り寿司と胡瓜とタコの串揚げ

トウモロコシを寿司ネタのようにそぎ取って握りにした。もう一方は相性のよいキュウリとタコを串揚げに。揚げてから甘酢を添えてすすめる。（堀内）

◎キュウリとタコの串揚げ

ゆでダコ
キュウリ
薄力粉、溶き卵、パン粉
揚げ油
甘酢（リンゴ酢180cc、水270cc、砂糖50g、塩3g）

◎トウモロコシの握り寿司

トウモロコシ
米　1合
寿司酢　25cc
（酢75g、砂糖大さじ3、塩小さじ1／2）
海苔

◎キュウリとタコの串揚げ

1　ゆでダコとキュウリを同じくらいの厚さの輪切りにして串を刺す。

2　串に薄力粉をまぶし、溶き卵にくぐらせてパン粉をつけ、180℃の油でサッと揚げる。甘酢を添えて供する。

◎トウモロコシの握り寿司

1　トウモロコシは皮をむき、ラップフィルムを巻いて15分間蒸し器で蒸し、冷めたら巻き簾で巻いて冷蔵庫で冷やし固める。このまま一晩おく。

2　米を炊いて、合わせた寿司酢をきり混ぜてシャリをつくる。

3　1のトウモロコシを半分に切る。桂むきの要領で粒をむき取り、シャリに合わせて切る。

4　トウモロコシの握りをつくり、細切りの海苔を巻く。

と

うもろこし／焼物

ヤングコーンと新玉ネギを焼いて

香りのよいヤングコーンとみずみずしい新玉ネギを焼いて盛り合わせた。ヤングコーンはヒゲの部分がこげやすいので、アルミホイルで包んで焼くとよい。（江﨑）

ヤングコーン
新玉ネギ（小）
塩

1　ヤングコーンはこげやすいヒゲの部分にアルミホイルをかぶせる。皮つきのまま、220℃に熱したオーブンで10分間焼いたら裏返して5分間焼く。

2　一旦取り出して皮に縦の切り目を入れて再び5分間焼いて、焼き目をつける。

3　新玉ネギは一部は半分に切り、残りは丸のまま、200℃のオーブンに入れて45分間焼く。丸のままの新玉ネギは、指で押してみて火通りを確認する。

4　器に盛り合わせて、塩をふる。

と
うもろこし／ご飯

とうもろこしご飯

米1合にトウモロコシの粒が半本分。たっぷり加えて甘さをとった。トウモロコシにはバターの風味が合うので、炊き地にバターとこうばしい醤油を加えた。熱いうちにすすめる。（江﨑）

米　1合
トウモロコシ　1／2本
炊き地（だし180cc、バター5g、塩小さじ1、淡口醤油10cc）

1　米を研いで30分間水に浸けておく。
2　炊飯器に移し、炊き地の材料を入れ、トウモロコシの粒を加えて炊く。
3　炊けたらさっくりと混ぜて提供する。

と まと／造り

鯵の造り トマトゼリー掛

アジの造りに甘酸っぱいトマトゼリーを掛けてすすめる夏にぴったりの一品。ゼリーのほのかな酸味と旨みでアジを引き立てる。（野﨑）

トマトゼリー
アジ
きゅうりもみ
ショウガ

◎トマトゼリー
トマトだし* 7
淡口醤油 1
酢 1
粉ゼラチン 液体250ccに対して5g

*トマト200gは小角に切り、水500cc、昆布5cm角1枚と合わせて火にかけ、沸いたら火を弱めて5分間ほど煮たのち、火からおろして常温まで冷まして漉す。

---

1 アジは三枚におろして薄塩をあて、30分間おいてサッと酢にくぐらせ、水気をふく。

2 皮をむいて皮目に鹿の子の包丁目を入れて平造りにする。

3 器にアジを盛り、くずしたトマトゼリーをたっぷりとかける。キュウリの塩もみと木の葉にむいたショウガを添える。

◎トマトゼリー

1 トマトだしに淡口醤油、酢を加えて火にかけ、一煮立ちしたら火からおろす。

2 水で戻した粉ゼラチンを溶かして容器に流して冷やし固める。使用時は混ぜる。

と

まと／造り

トマトと鰯カルパッチョ

旨み成分を含んだトマトをたっぷり入れた具沢山の土佐酢で、脂ののったイワシをさっぱり食べる夏の一品。トマト土佐酢はジュンサイ、素麺、冷やし煮物、豚肉などにも合う。また今回は土佐酢を使ったが、これを浸し地にかえてもいいだろう。（堀内）

イワシ　1尾
トマト土佐酢
マイクロトマト　5個
ヤングコーン　1パック
カラフルラディッシュ　3個
塩
浸し地（だし12：淡口醤油1：味醂1）

◎トマト土佐酢
トマト　1個
土佐酢（だし3：淡口醤油1：味醂1：リンゴ酢1）　60cc

1　イワシは三枚におろして軽く塩をあてて20分間程度おき、臭みをとっておく。

2　ヤングコーンをゆでて浸し地に浸けておく。3色のカラフルラディッシュは薄い輪切りにして筒抜きで中央に穴を開けて水に落としておく。

3　器にイワシを盛り、トマト土佐酢をかけ、小口から切ったヤングコーン、ラディッシュ、マイクロトマトを盛る。

◎トマト土佐酢

1　トマトを湯むきし、半分に切って種を抜く。旨みを含んだ果汁が出やすいように包丁で細かく叩く。

2　土佐酢の材料を合わせ、**1**と混ぜ合わせる。

と

まと／和え物

トマト色々5種のサラダ

赤や黄色、オレンジなどのプチトマト5種を彩りよく盛り合わせたサラダ。それぞれの味や酸味の違いを楽しんでいただく。スダチの絞り汁と菜種油、塩をふりかけたシンプルなスタイル。（江崎）

トマト（アイコ、ピッコラルージュ、オレンジキャロル、イエローアイコ、トマトベリー）
スダチ
菜種油
塩

1 味わいの違うトマトを数種類そろえて、半分～4等分に切り、彩りよく盛る。
2 薄切りにしたスダチを散らし、スダチの絞り汁、菜種油、塩をふる。

と

まと／和え物

THE トマト和え

甘みと酸味のバランスのとれた味の濃いフルーツトマトでつくる和え物。ソースのトマトも同じ種類でつくるが、甘みが少ない場合は、メープルシロップを少量加えるとよい。この場合でも酸味は必ず残すこと。（江﨑）

フルーツトマト（静岡産アメーラ種）
トマトのソース（↓14頁）

1　フルーツトマトをくし形に切って、トマトのソースで和える。

トマトの帆立射込

蒸してトマトの旨みを流出させずに仕上げた。したがって甘みのある味の濃いフルーツトマトを使うのがポイント。蒸したのち、冷やして冷製で提供する。（野﨑）

フルーツトマト、薄力粉
ホタテ糝薯
　ホタテガイ　120g
　すり身　60g
　水　30cc
　玉子の素（↓64頁）
　　大さじ2
　玉ネギ（みじん切り）　80g
　淡口醤油　5cc
ショウガ餡
大葉、ショウガ

◎ショウガ餡
だし　15
淡口醤油　1
味醂　0.5
水溶き片栗粉　適量
ショウガの絞り汁　適量

1　フルーツトマトはヘタを切り取り、熱湯にサッとくぐらせて皮を湯むきして中をくり抜く。

2　ホタテ糝薯をつくる。ホタテガイは塩水で洗って水気をふき、すり鉢でする。すり身と水を加えてすり混ぜ、玉子の素、湯通しした玉ネギを加えて淡口醤油で味を調える。

3　1のトマトの内側に薄力粉をまぶし、2の糝薯を詰め、ラップフィルムで茶巾に絞って電子レンジで約1分間加熱して中心に火を入れ、中火の蒸し器に移して5分間蒸して氷水にとって冷やす。

4　器に大葉を敷き、ラップをはずし、食べやすく切ったトマトを盛る。ショウガ餡をかけ、木の葉にむいたショウガを添える。

◎ショウガ餡

1　鍋にだし、淡口醤油、味醂を入れて一煮立ちさせ、水溶き片栗粉でとろみをつける。

2　最後にショウガの絞り汁を加えて冷やしておく。

トマト炊き込みごはん トマトと冬瓜味噌汁

プチトマトは普通のトマトよりも甘みと酸味が強い。味の濃いプチトマトとベーコンを炊き込んだ夏のご飯。炊き上がりを混ぜるとトマトが潰れて甘酸っぱさが広がる。トウガンとトマトの味噌汁を添えたトマト尽くし。（堀内）

◎トマト炊き込みごはん

プチトマト　10個
スライスベーコン（細切り）　3枚
トウモロコシ　1／2本
エダマメ　少量
米　3合
炊き地（だし540cc、淡口醤油36cc、日本酒36cc）540cc

◎トマトと冬瓜味噌汁

トウガン（薄切り）
プチトマト
味噌　30g
だし　320cc
ミョウガ

◎トマト炊き込みごはん

1　米を研ぎ、土鍋に移す。炊き地を注ぎ、半分に切ったプチトマト、細切りにしたベーコン、そぎ取ったトウモロコシ、エダマメを入れて、強火で炊く。

2　土鍋から吹いてきたら弱火に落として20分間炊いて蒸らす。

◎トマトと冬瓜味噌汁

1　トウガンは皮をむいて食べやすく切る。鍋にだしを注ぎ、トウガンを入れて火にかける。

2　トウガンが柔らかくなったらプチトマトを加えてしばらく煮て、味噌を溶き入れて味を調える。きざんだミョウガを吸い口に添える。

な

す／寄せ物

茄子の胡麻寄せ 黄味酢掛

翡翠にしたナスの緑色が映える胡麻寄せ。ゼラチンで寄せると、きれいに切れるので仕上がりも美しい。（野﨑）

な
す／寄せ物

秋茄子の豆乳寄せ 焼茄子ソースかけ

夏のものとは一味違う、実が締まった秋ナス。焼いた秋ナスを豆乳で寄せ、炭火のこうばしい香りがするナスのソースをかけたナス尽くし。（堀内）

な
す／煮物

賀茂茄子と鰊柔煮

大きな加茂茄子はオランダ煮にし、柔らかく煮含めたニシンと昆布を詰めたおぐら家の定番。この料理を目当てに訪れる常連客も多いという人気商品。（堀内）

茄子の胡麻寄せ 黄味酢掛

（24㎝角の流し缶1台分）

翡翠ナス
　長ナス　3本
　揚げ油　適量
胡麻豆腐
　白胡麻ペースト　120cc
　だし　300cc
　水　300cc
　粉寒天　5g
　粉ゼラチン　15g
　豆乳　600cc
　塩、淡口醤油　各適量
黄味酢

◎黄味酢
卵黄　3個分
砂糖　大さじ1
酢　15cc
淡口醤油　5cc

1　翡翠ナスをつくる。ナスはヘタを切り落として縦半分に切る。切り口を上に向けて160〜170℃の油に入れる。皮側から揚げると翡翠色がきれいに出て、皮もむきやすい。

2　途中で返して、全体が柔らかくなったら氷水にとって、すぐに皮をむいてザルに上げて水気を拭いて冷ます。

3　胡麻豆腐をつくる。鍋にだし、水、粉寒天を入れて火にかけ、一煮立ちしたら弱火にして2分間ほど練る。火を止めて水で戻した粉ゼラチンを加えて溶かす。

4　別の鍋で豆乳を60℃まで温め、**3**と混ぜ合わせる。60℃以上になると豆乳に膜がはってしまう。

5　白胡麻ペーストに**4**を少しずつ加えてのばし、塩と淡口醤油で味を調え、流し缶に半量注ぎ入れる。水気をきった翡翠ナスを縦に切って一方向に横に並べ、残りの半量を流し入れて冷やし固める。

6　角に切り出して黄味酢をかける。断面が美しく見えるような向きできれいに切ること。

◎黄味酢

1　ボウルに材料をすべて合わせて湯煎にかける。濃度がつくまで泡立て器で攪拌する。

2　火を止めて冷まし、裏漉ししてなめらかにする。

秋茄子の豆乳寄せ　焼茄子ソースかけ

（14㎝×11㎝角の流し缶1台分）
ナス　3本
豆乳　300cc
だし　100cc
粉ゼラチン　8g
焼茄子ソース　適量
生ウニ、ショウガ、ワサビ　各少量

◎焼茄子ソース（2人前）
ナス　1本
吸水（だし100cc、塩2g、淡口醤油5cc）　100cc

1　ナスが破裂しないように数ヵ所串を刺して穴をあけ、金網にのせてこがさないようにじっくり焼く。
2　水にとって皮をむく。ザルに上げて水気をきり、縦半分に切る。
3　鍋に豆乳とだしを入れて沸かす。水で戻した粉ゼラチンを加えて溶かし、氷水にあてて冷ます。
4　流し缶に**2**のナスを並べ、冷ました**3**を流し込んで、ラップフィルムをかけて冷やし固める。
5　器に焼茄子ソースを流し、切り出した豆乳寄せを盛り、生ウニと丸く抜いたショウガの薄切り、ワサビを添える。

◎焼茄子ソース
1　ナスに数ヵ所串で穴をあけて炭火で少しこがして、こうばしさをつける。
2　香りが飛ばないように水にはとらず、熱いうちにタオルに包んで皮をむく。
3　ミキサーに**2**のナスと吸水（材料をすべて合わせる）を入れて回し、ソースとする。

賀茂茄子と鰊柔煮

賀茂ナス、揚げ油
ナス煮汁（だし8：淡口醤油0.5：濃口醤油0.5：味醂1）
鰊柔煮　適量
木ノ芽

◎鰊柔煮（つくりやすい分量）
ニシン（生）　6尾
ニシン煮汁（水9440cc、日本酒270cc、昆布300g、味醂270cc、濃口醤油270cc、砂糖100g）

1　賀茂ナスはヘタを切り落とす。ヘタはのちほど使うのでとっておく。ナスの内側の果肉をくり抜き器で少しくり抜いておく。
2　**1**のナス釜を160℃の油でゆっくり揚げる。ナスが柔らかくなったら、熱湯をかけて油抜きをする。
3　ナスの煮汁を合わせて火にかける。ナスがかくれるくらいたっぷり用意する。**2**のナスを入れて10分間強火で煮たのち、弱火にしてさらに10分間煮る。
4　提供時、器にナスを盛り、ニシンと昆布を詰めて蒸し器で15分間ほど蒸して温める。木ノ芽を添える。

◎鰊柔煮
1　ニシンは三枚におろして霜降りしてウロコをかく。
2　水、日本酒に昆布を入れてニシンを2時間程度炊き、味醂、濃口醤油、砂糖を加えてさらに2時間ほど弱火でじっくり煮る。煮汁はニシンがかくれるくらいたっぷりと。

な

す／焼物

茄子と牛の叩き

ナスで牛肉と薬味を挟んで食べていただく。二つの歯応え、食感を合わせて食べやすくした。ナスと牛肉に共通の相性のよいショウガを薬味に混ぜると、両者の味の相性もよくなる。（野﨑）

な

す／揚物

茄子と夏野菜真丈揚げ

ナスの皮をソースに利用してたっぷり添えた。白身のすり身に玉子の素を合わせてフードプロセッサーにかけたフワフワの真丈に、エダマメ、トウモロコシを入れて、ナスを模って成形し、こうばしく揚げた。（堀内）

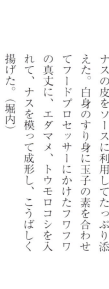

な

のはな／和え物

菜の花昆布締

菜ノ花は特有の辛みを残すために、70℃の湯でゆでて昆布締めに。盛りつけは菜の花畑をイメージして、昆布粉で土を、煎り玉子で花を表した。（野崎）

な

のはな／和え物

菜の花松前漬

松前漬に菜ノ花を混ぜると、春らしさが増し、味もやわらぐ。辛みを残してゆがいた菜ノ花が単調になりやすい松前漬のアクセントとなる。（野崎）

茄子と牛の叩き

ナス　3本
牛肉　200g
薬味　たっぷり適量
　玉ネギ（みじん切り）
　ショウガ（みじん切り）
　ミョウガ（みじん切り）
大葉、花穂紫蘇
ジュレ
ラー油　適量

◎ジュレ
だし　300cc
濃口醤油　60cc
味醂　30cc
カツオ節　少量
粉ゼラチン　5g

1　ナスはヘタを切り落とし、ミョウバンを皮目に軽くすり込み、10分間ほどおく。

2　鍋に2リットルの湯を用意して、ミョウバン小さじ1を加え、縦半分に切ったナスを切り口を上に向けて入れる。落し蓋をして2分間ほどゆでて、氷の間に挟んで急冷する。一口大のそぎ切りにする。

3　牛肉はナスと同じ幅のサクにとり、網焼きにして両面を軽く焼く。熱いうちに一口大に切って酢をかけて手で叩いてなじませる。

4　ナス、牛肉を器に盛り、薬味をたっぷり添え、ジュレにラー油を加えて辛みを足して攪拌し、かける。大葉と花穂紫蘇を添える。

◎ジュレ

1　だし、濃口醤油、味醂、カツオ節を合わせて火にかけ、沸騰したら漉す。

2　水で戻した粉ゼラチンを加えて溶かし、容器に入れて冷やし固める。

茄子と夏野菜真丈揚げ

（4人前）
トウモロコシ　150g
エダマメ　10g
オクラ　20g
浸し地
（だし12：淡口醤油1：味醂1）
真丈
（すり身350g、玉子の素少量↓64頁、ヤマトイモ200g）
片栗粉
揚げ油
ナスの皮ソース（↓16頁）

1　真丈をつくる。フードプロセッサーに真丈地の材料をすべて入れて、なめらかになるまでよく回す。

2　エダマメ、オクラはゆでたのち、浸し地に浸けておく。

3　**1**にトウモロコシ、エダマメ、小口から切ったオクラを混ぜる。ナスの形を模ってナスのヘタをつけ、片栗粉をまぶして170℃の揚げ油でゆっくり揚げて油をきる。

4　ナスの皮ソースをつくる。切り落としたナスのヘタは**3**で利用。

5　器にナスの皮ソースを流し、揚げたての真丈を盛る。

菜の花昆布締

菜ノ花
昆布
卵
昆布粉

1 菜ノ花は穂先から5㎝で切り、70℃の湯で1分間ゆでて冷水にとる。
2 水気を絞り、昆布で挟んで2〜3時間おく。
3 卵をかたゆでにし、卵黄のみを裏漉しする。
4 器に**2**の菜ノ花を昆布と一緒に盛り、**3**の裏漉しした卵黄と昆布粉を、花と土に見立てて盛りつける。

菜の花松前漬

菜ノ花
ニンジン（せん切り）
切り昆布
松前地＊（水4：濃口醤油3：日本酒3：味醂2）

＊鍋に合わせて一煮立ちさせて冷ましておく。

1 菜ノ花は長さ4㎝に切り、70℃の湯で1分間ゆでて冷水にとる。冷めたら水気をきる。
2 ニンジンは軽く塩をしてしんなりさせる。切り昆布は食べやすく切る。
3 **2**を松前地に最低2時間は浸ける。
4 提供時に**3**と菜ノ花を混ぜて盛りつける。

味噌白和え

味噌の旨みを生かした味噌白和え。菜ノ花の鮮やかな緑色を生かすために、白い西京味噌で甘みをとった。（野﨑）

菜ノ花
ニンジン（せん切り）
昆布立て（水1リットル、昆布5〜10g、塩15g）
芥子
味噌白和え衣

◎味噌白和え衣
絹漉し豆腐　120g
白粒味噌　40g

1　菜ノ花は70℃の湯で1分間ゆでて冷水にとる。冷めたら水気をきって食べやすい長さに切る。

2　ニンジンは熱湯にくぐらせて冷水にとり、水気をきる。

3　昆布立てに**1**と**2**を浸けて30分間おく。

4　**3**の水気をきり、味噌白和え衣と溶き芥子（芥子を効かせる）を加えて和える。

◎味噌白和え衣

1　絹漉し豆腐はキッチンペーパーで包んで重しをして水きりする。

2　ボウルに移し、裏漉しした白粒味噌を混ぜ合わせる。

な

菜の花の西京味噌ソースがけ

のはな／和え物

菜ノ花は蒸したほうが味が抜けないが、緑色が退色しやすいのでゆでて冷水にとって色どめをする。ソースに白胡麻ペーストを加えると濃厚になる。（江﨑）

菜ノ花　1束
塩　適量
浸し地（だし20：淡口醤油1：味醂1）　適量
西京味噌のソース　大さじ1

◎西京味噌のソース
西京味噌　100g
米酢　20cc
白胡麻ペースト　20cc

1　菜ノ花を塩を加えた熱湯でゆでる。根元のかたい部分を指で押して確認し、柔らかくなったら冷水にとる。冷めたら水気を絞る。

2　浸し地の材料を一煮立ちさせて冷ましておく。ここに**1**の菜ノ花を10分間程度浸す。

3　菜ノ花の穂先を食べやすく切りそろえて器に盛り、西京味噌のソースをかける。

◎西京味噌のソース

1　西京味噌をボウルに入れて泡立て器でよく混ぜ、なめらかになったら味噌に米酢、白胡麻ペーストを少しずつ加えてのばす。

な

菜の花ごはん

のはな／ご飯

菜ノ花を中心に、芽キャベツ、ワラビ、レンコン、スナップエンドウなどの春野菜をたっぷりのせたちらしずし。盛りつけた状態でサービスし、厨房に戻して混ぜてから提供する。夏野菜、秋のキノコなどを使えばその季節のご飯に応用できる。（堀内）

寿司飯
菜ノ花　2束
芽キャベツ　4個
スナップエンドウ　3本
浸け地
（だし12：味醂1：淡口醤油1）
ワラビ（↓170頁蕨と鳥団子）　8本
レンコン（輪切り）　3枚
甘酢
（水270cc、リンゴ酢180cc、砂糖50g、塩3g）
花びら人参（↓199頁）
煮汁
（だし8：味醂1：淡口醤油1）
木ノ芽　20枚

◎**寿司飯**
米　3合
白胡麻　適量
寿司酢*（米酢450cc、砂糖300g、塩75g、昆布10g）

*すべてを鍋に入れて沸かし、砂糖が溶けたら鍋ごと氷水に浸けて冷やす。

1　菜ノ花は花の部分と茎の部分に分ける。茎は太いので縦半分に切る。一度水に浸けてシャキッとさせておく。熱湯でゆでて氷水にとって色どめをし、浸け地に浸ける。

2　芽キャベツは半分に切り、火が通りやすいようにつけ根に包丁目を入れて熱湯でゆでておか上げする。冷めたら浸し地に浸ける。

3　ワラビはアクを抜き、煮含めておく。

4　スナップエンドウはヘタを折ってスジをむく。熱湯でゆでて氷水にとって色どめをし、浸し地に浸ける。

5　レンコンは皮をむいて褐変を防ぐために薄い酢水に浸けておく。スライスして酢を入れた湯で2分間ほどゆでておか上げにする。軽く塩（分量外）をふって甘酢に浸ける。

6　花びら人参はサッとゆでて氷水にとり、煮汁を合わせて軽く煮て、鍋のまま冷まして味を含ませる。

7　寿司飯を器に盛り、それぞれの野菜を彩りよく隙間なく盛りつけて、菜ノ花を飾り木ノ芽を散らす。

◎**寿司飯**

1　米3合を研いで炊く。炊きたてのご飯を飯台に移し、寿司酢90ccを回し入れて手早くまんべんなく酢をいきわたらせる。

2　白胡麻を少々加えてさらにきり混ぜる。

人参豆腐

色鮮やかな金時ニンジンを蒸して裏漉しし、豆乳で割って豆腐に寄せた。ニンジン以外ならグリーンピースや空豆、カボチャやトマトなど、色のきれいな野菜でつくるといいだろう。先付や八寸、椀種など工夫次第でいろいろな献立に使える。（野﨑）

（24㎝角の流し缶1台分）

金時ニンジン　250g
だし　200cc
水　200cc
粉寒天　3g
粉ゼラチン　7g
豆乳　400cc
塩　適量
淡口醤油　適量
八一餡　適量
カニのほぐし身*
チシャトウ**
ユズ

◎八一餡

だし　8
淡口醤油　1
味醂　1
水溶き片栗粉　適量

*カニのほぐし身はラップフィルムを敷いた巻き簾で細い棒状にまとめ、チシャトウと同じ長さに切り出して用いる。

**チシャトウは3㎝ほどに切り、皮をくるりとむき取り、熱湯でゆでて冷水にとり、水気をふく。

1　金時ニンジンは蒸して裏漉ししておく。

2　鍋にだし、水、粉寒天を入れて火にかける。一煮立ちしたら弱火にして2分間ほど木ベラで練る。

3　豆乳を60℃に温めて**2**に加え、水で戻した粉ゼラチンを加える。**1**を混ぜ、塩と淡口醤油で味を調えて、流し缶に流して固める。

4　**3**を切り出して器に盛り、八一餡をかけ、切り出したカニ、チシャトウを添え、針ユズを天に盛る。

◎八一餡

1　だし、淡口醤油、味醂を合わせて一煮立ちさせ、水溶き片栗粉でとろみをつける。

にんじん／和え物

デコポンと金時人参

みずみずしいデコポンと色あざやかな金時ニンジンの和え物。クミンシードを加えてエキゾチックな香りをつけた。（江﨑）

（2人前）

金時ニンジン　1本
デコポン　1個
クミン（ホール）　10粒
ドレッシング　適量

◎ドレッシング

白ワインヴィネガー　80cc
太白胡麻油　60cc
塩　10g

1　金時ニンジンは桂むきにしたのち、繊維に沿って極細い繊切りにする。
2　デコポンは実をむいておく。
3　**1**の金時ニンジン、**2**のデコポン、クミンシードを合わせて、ドレッシングで和えて冷蔵庫で一晩おいて味をなじませる。

に
んじん／煮物

射込人参

ニンジンやゴボウなどの芯は柔らかく、周りと食感が違ううえ、味も薄いため、くり抜いて使うことが多い。ここでは金時ニンジンの芯をくり抜いて、白和えを詰めてみた。（野﨑）

金時ニンジン
煮汁（だし8：淡口醤油1：味醂1）
白和え
ボウフウ

◎白和え
絹漉し豆腐　250g
キクラゲ、シュンギク＊　各30g
砂糖　大さじ2
淡口醤油　15cc

＊ゆでて昆布立てに浸けて細かく切ったもの。

1 金時ニンジンは桂むきの要領で皮をくるりとむく。6cm長さに切って、くり抜き器で芯をくり抜く。ゆでてザルに上げて水気をきる。
2 煮汁の材料を合わせて**1**のニンジンを中弱火で10分間ほど煮含める。
3 **2**のニンジンに白和えを射込み、厚さ1cmほどの輪切りにして盛りつけ、ボウフウを飾る。

◎白和え
1 絹漉し豆腐をサラシで包んで絞り、水気をきる。
2 キクラゲは水で戻してせん切りにし、ニンジンと同じ煮汁でサッと煮る。
3 **1**をボウルに移して砂糖、淡口醤油で味を調えて、**2**のキクラゲを混ぜる。

に
んじん／焼物

大塚人参のコンフィ　そのままで

丸のまま皮つきのニンジンを150℃の油で1時間加熱したコンフィ。水分が飛んで甘みが凝縮した独特の食感はコンフィならでは。ここでは豪快に大きめに切ってざっくり盛りつけたが、食べやすく切ってもよい。（江﨑）

ニンジン　1本
太白胡麻油　適量
塩　少量
レモン（輪切り）　1枚

1　ニンジンは皮つきのまま150℃（この温度を保つ）の太白胡麻油の中に浸けて1時間加熱する。
2　油から取り出して、縦半分に切って、天火で焼き目をつける。
3　器に盛り、塩とレモンを添える。

に

んじん／デザート

人参カステラ 抹茶クリーム掛

クワイやサツマイモ、カボチャなど、ピュレ状になる野菜ならば、何でも代用できる手軽でおいしい野菜のデザート。温かくても、冷めたくても合う。赤に映える緑色の抹茶クリームを添えて。（野崎）

（15cm角の流し缶1台分）

金時ニンジン　250g
卵　3個
薄力粉　大さじ2
砂糖　80g
ハチミツ　大さじ2
塩　1つまみ
抹茶クリーム

◎抹茶クリーム

生クリーム　100cc
抹茶　大さじ1
砂糖　50g

1　金時ニンジンは蒸して裏漉しし、ボウルに移す。ここに薄力粉、卵、砂糖、ハチミツ、塩を加えてよく混ぜ合わせる。

2　**1**を流し缶に流し入れて中火の蒸し器で20〜30分間蒸す。

3　火が通ったら天火で焼いて表面に焼き色をつける。

4　切り出した**3**のカステラに抹茶クリームをかける。

◎抹茶クリーム

1　ボウルに生クリームと砂糖を合わせて泡立て器で泡立てる。

2　しっかりツノが立ったら抹茶をふり入れて混ぜ合わせる。

鰆の西京焼　深谷葱とリンゴ

サワラの西京味噌漬けは焼物の定番。ここにしんなりと炒めて甘みを出した深谷ネギと薄切りにして焼いたリンゴの2通りの甘みを添えてアレンジした。ガラスの洋皿に盛って緑色野菜を添えてさわやかに。（江﨑）

（2人前）

サワラ　50g×2切れ
漬け床（西京味噌 200g、日本酒50cc、淡口醤油5cc、味醂50cc、塩適量）
深谷ネギ　10cm
太白胡麻油　10cc
淡口醤油　5cc
リンゴ　2切れ
スナップエンドウ　1本
プチヴェール　1個
黒キャベツ　少量
浸け地（だし20：淡口醤油1：煮きり味醂1）
ワケギ　1本
ラディッシュ（輪切り）　適量
温海カブ（いちょう切り）　適量
生海苔のソース（↓14頁）
クレソンのソース（↓13頁）
木ノ芽　少量

1　サワラの切り身はガーゼで包んで漬け床に2晩漬ける。早く漬けたい場合は、床をゆるくするとよい。

2　深谷ネギは斜めに切って太白胡麻油でしんなり炒める。淡口醤油で味をつける。

3　リンゴは皮をむいて薄いくし形に切る。油をひかないフライパンを弱火にかけ、リンゴの両面を焼く。木ノ芽を散らす。

4　スナップエンドウ、プチヴェール、黒キャベツは熱湯でゆがいて、冷たい浸け地に浸ける。ワケギは油をひかないフライパンで焼く。

5　サワラを漬け床から取り出して串を打ち、遠火の強火で焼く。

6　サワラを盛りつけ、上に深谷ネギをのせる。リンゴ、4のスナップエンドウ、プチヴェール、黒キャベツ、ワケギを盛り合わせ、ラディッシュと温海カブを添える。生海苔のソースとクレソンのソースを流す。

鰤塩焼き　いよかんソース掛け　下仁田葱と菊芋

脂がのったブリによく合うとろけるような下仁田ネギ。この組み合せには自然な甘さと柑橘の香りがさわやかな「いよかんソース」がよく合う。くせのない太白胡麻油を加えて乳化させてとろみをつけた。（江﨑）

ブリ　1切れ（65g）
塩　適量
下仁田ネギ　1本
太白胡麻油　適量
キクイモ　2個
いよかんソース

◎いよかんソース（つくりやすい分量）
イヨカン　4個
白ワインヴィネガー　100cc
太白胡麻油　80cc
塩　適量

1　ブリは65gの切り身にする。串を打ち、塩をふって焼く。

2　下仁田ネギは太白胡麻油をひいたフライパンで表面をじっくり焼いて焼き色をつけ、縦に切り目を入れて220℃のオーブンで10分間加熱する。取り出して塩をふる。

3　キクイモは皮をむいて水から火にかけて20分間ほどゆでる。柔らかくなったら湯をきって、220℃のオーブンで8分間加熱する。

4　ブリ、下仁田ネギ、キクイモを盛り、いよかんソースをかける。

◎いよかんソース

1　イヨカンの表皮をむいて水洗いし、さいの目ほどの大きさに切って、3回ゆでこぼす。スクイーザーで果汁を絞っておく。

2　鍋に**1**の皮と果汁を入れて、白ワインヴィネガー、塩を加えて中火で30分間煮る。

3　煮詰まってきたら太白胡麻油を加えてさらに10分間煮る。とろみがついたら完成。

は　くさい／和え物

イカの瞬間マリネと白菜 観音山レモンのソース

鮮度のよいイカを短時間マリネした食感と、ハクサイの水分が抜けてしんなりして柔らかいけれど歯応えのある食感の組み合せがこの料理のポイント。それぞれを生かすように調理する。（江﨑）

ハクサイ、菜種油
ヤリイカ　1杯
マリネ液（太白胡麻油60cc、米酢30cc、塩、コショウ各少量、メープルシロップ10cc）
レモンのソース
木ノ芽
黒コショウ

◎レモンのソース
観音山レモン（和歌山産）
メープルシロップ　少量

1　ハクサイは葉をはずして熱湯で下ゆでして湯をきる。フライパンに菜種油を入れて熱し、ハクサイを縦半分に切って焼く。
2　ヤリイカをおろす。皮をむいて細切りにする。
3　マリネ液を合わせてよく混ぜ、2のヤリイカを浸して冷蔵庫に入れて、5分間ほどおいてマリネする。
4　器に焼きたてのハクサイとマリネしたヤリイカを盛る。レモンのソースを添えて黒コショウをふり、叩き木ノ芽を散らす。

◎レモンのソース
1　レモンを丸のまま熱湯で40分間ゆでてヘタと種を抜き、メープルシロップを少量加えてミキサーにかける。

は

くさい／汁物

白菜のすり流し スープ仕立て

冬の肉厚のハクサイをくたくたになるまで少量の水で煮て甘みを凝縮させたすり流し。加える水量で好みのとろみに調節する。（江﨑）

（5人前）

ハクサイ　200g
カリフラワー（薄切り）　50g
玉ネギ（薄切り）　20g
ニンジン（薄切り）　10g
セロリ（薄切り）　10g
太白胡麻油　10cc
水　400cc程度
塩、淡口醤油　各適量
ヘーゼルナッツオイル　少量

1　ハクサイはざく切りにする。

2　玉ネギ、ニンジン、セロリ、カリフラワーは、太白胡麻油をひいたフライパンでしんなりするまで弱火で炒める。

3　ここに**1**のハクサイを入れてさらに炒め、しんなりしたら浸るくらいの水を加える。

4　箸で潰れるくらいまで柔らかく煮て、甘みを凝縮させて火を止める。このとき水分量は野菜が顔を出すくらいまで煮詰まっている。

5　このまま冷まして、ミキサーにかけて裏漉しする。

6　鍋に移して火にかけ、塩と淡口醤油で薄味をつける。とろみの調節はこのときに。濃度が濃かったら水を加える。

7　器に盛り、香りのよいヘーゼルナッツオイルをたらす。

焼白菜鮭巻

焼いて水分を飛ばし、甘みを凝縮させたハクサイで、塩をあてたサケを巻いた煮物。サケの塩気が食い味になるので、長時間煮て味をしみ込ませなくてよい。（野﨑）

ハクサイ　1／2株
サケ（2㎝角×長さ10㎝）
　8本
塩　サケの3％
煮汁（だし17：淡口醤油1：
　日本酒0.5、昆布適量）
ユズ

竹皮で包むと煮くずれせずに味を中までしみ込ませることができる。昆布を入れた煮汁でサッと煮る。

1　ハクサイは1枚ずつはがし、天火の遠火でじっくり焼く。葉の部分に薄く焼き色がついてきたら、これ以上色づかないように根元の白い部分で葉を巻き込んで、しんなりするまでさらに焼く。

2　サケは皮と血合い部分を取り除いて棒状に切る。薄塩をあてて30分間おき、水で洗ったのち、熱湯にくぐらせて冷水にとって水気をふく。

3　サケの周りに**1**のハクサイを巻きつけ、竹皮（1度ゆでこぼしておく）で巻いてタコ糸で結わく。

4　**3**を鍋に移し、合わせた煮汁をかぶるくらい注いで火にかけ、10分間ほど煮含める。

5　竹皮をはずして切り出し、器に盛って針ユズを添える。

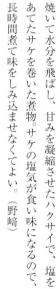

は

くさい／蒸し物

真鯛と白菜の蒸し物 グリーンピース餡

旨みをたっぷり含んだハクサイ。とりわけ甘みの強いオレンジクイーンというオレンジ色のハクサイを軸にして、淡白なタイを合わせた料理。添えたハクサイには、彩りよく季節感のあるグリーンピースを加えた餡をかけて、野菜の存在感を高めた。（江﨑）

タイ（切り身）　100g
日本酒　適量
昆布　適量
ハクサイ（オレンジクイーン）
浸け地
（だし20：淡口醤油1：味醂1）
グリーンピース餡
ハクサイソース（↓13頁）

◎グリーンピース餡
グリーンピース　20粒
だし　20
淡口醤油　0.5
味醂　1
塩　適量
葛粉　適量

1　タイの切り身は昆布の上にのせ、日本酒をふって強火の蒸し器で10分間蒸す。

2　ハクサイは1枚ずつはがし、熱湯でゆでて、ザルに上げておく。

3　浸け地を合わせて沸かし、**2**のハクサイを入れて温める。

4　タイにハクサイソースをかけ、**3**のハクサイの浸け地をきって食べやすく切って添え、グリーンピース餡をかける。

◎グリーンピース餡

1　グリーンピースはサヤをはずして熱湯でゆでて冷水にとる。

2　だし、淡口醤油、味醂、塩を合わせて一煮立ちさせる。ここに**1**のグリーンピースを入れる。鍋ごと氷水にあてて色が飛ぶのを防ぐ。冷めたらグリーンピースを取り出しておく。

3　提供時に**2**の浸け地を火にかけ、グリーンピースを入れて温め、水で溶いた葛粉を加えてとろみをつける。

は

くさい／蒸し物

白菜と餅豚 すり流し

ハクサイは旨みがあり、水分も多いので、すりおろせば餡になる。ここではすり流しとしたが、蒸し豚の餡がわりにもなっている。この餡は鶏肉とも相性がよい。（堀内）

（2人前）

ハクサイ　5枚
煮汁
（だし16：淡口醤油1：味醂1）
葛粉　適量
豚肩ロース肉　100g
ユズ
赤カブ

1　ハクサイを細かく刻み、熱湯でゆでておか上げする。煮汁を合わせてハクサイをサッと煮て取り出し、フードプロセッサーにかける。
2　1を鍋に移して火を通し、水で溶いた葛粉でとろみをつける。
3　器にハクサイ1枚（分量外）を敷き、豚肉を広げて蒸し器で蒸す。
4　3を蒸し器から取り出し、2をかけて梅花にむいた赤カブとユズの皮をあしらう。

は

くさい／鍋物

鴨の白菜スープ鍋

ハクサイには旨み成分がたっぷり含まれている。水で煮てフードプロセッサーにかければだし要らず。ポイントはスープを薄味にしてハクサイの味を生かすこと。（野﨑）

は

なわさび／和え物

花山葵のお浸し

花ワサビは辛みをしっかり出すことがポイント。70℃の湯でゆでて砂糖をもみ込むと辛みが出てくるので、辛みが飛ばないように密封して保存する。（野崎）

は

なわさび／和え物

葉山葵のゼリー掛

ナガイモとウニには、本来おろしワサビを添えるところだが、ここではさわやかな辛みのある花ワサビを混ぜ込んだゼリー地をかけ、野菜感を高めた。ゼリーの水分でのどごしもよくなる。（野崎）

ぱ

ぷりか／和え物

3色のパプリカと三つ葉のお浸し

直火で焼いて甘みを凝縮させたパプリカは三ツ葉とともにお浸しに。長時間浸けておくと、野菜の味が流出してしまうので長くても30分間程度にとどめる。（江崎）

鴨の白菜スープ鍋

白菜スープ
合鴨ロース肉　2切れ
白ネギ　2切れ
淡口醤油　適量
コショウ　適量

◎白菜スープ
ハクサイ　200g
水　1リットル
昆布

1　合鴨はスジを除いてそぎ切りにする。熱湯にサッとくぐらせて霜降りし、冷水にとって水気をふいておく。

2　白ネギは5cmに切って、味がしみるように側面に数ヵ所包丁目を入れる。

3　小鍋に白菜スープと合鴨、白ネギを入れて火にかける。一煮立ちしたら淡口醤油で味を調え、挽きたてのコショウをふる。

◎白菜スープ

1　ハクサイはせん切りにする。昆布と水を加えて火にかける。一煮立ちしたらアクを取り除いて、弱火で約10分間煮る。

2　昆布を取り出して、ハクサイをザルに上げ、フードプロセッサーでペースト状にして、煮汁に戻す。

花山葵のお浸し

花ワサビ
砂糖　花ワサビの15%
浸し地
（だし5：淡口醤油1：日本酒0.5）
カツオ節　適量

1　花ワサビは70℃の湯で90秒間ゆでて冷水にとる。水気をしっかり絞って砂糖をまぶしてもみ込む。辛みが出たらビニール袋に入れて密封し、香りと辛みを封じ込める。

2　浸し地をつくる。鍋に材料をすべて合わせて火にかける。一煮立ちしたら冷ましておく。

3　**1**を2.5cmに切りそろえ、器に盛る。上から**2**の浸し地をかけ、削ったカツオ節を添える。

1　花ワサビを70℃の湯に90秒間浸ける。

2　しっかりと水気を絞り、砂糖をふってもみ込む。

3　辛みが出たらビニール袋に入れて密封し、香りと辛みが飛ばないようにして保管する。

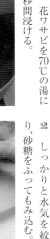

葉山葵のゼリー掛

ウニ
ナガイモ（小角切り）
花ワサビ（↓138頁つくり方1）
ゼリー

◎ゼリー
だし　8
淡口醤油　1
味醂　1
カツオ節　適量
粉ゼラチン　液体280ccに対して5g

1　器にウニ、ナガイモを盛る。小口から刻んだ花ワサビとゼリー地を混ぜ合わせて、上からかける。ワサビの葉を添える。

◎ゼリー

1　鍋にだし、淡口醤油、味醂、カツオ節を入れて火にかけ、一煮立ちしたら漉す。

2　水で戻した粉ゼラチンを加えて溶かし、容器に移して冷やし固める。

3色のパプリカと三つ葉のお浸し

赤、黄パプリカ　各適量
ピーマン（肉厚）　適量
三ツ葉　適量
美味だし（だし20：淡口醤油1：味醂1、塩少量）

1　赤パプリカ、黄パプリカ、肉厚のピーマンは表面の皮を網焼きにして真っ黒にこがす。

2　水にとって皮をむく。半分に切って種を取り除き、美味だしに30分間浸ける。

3　三ツ葉は熱湯でサッとゆでて水にとり、色どめをして水気をきる。美味だしに短時間浸ける。

4　提供時に短冊に切ったパプリカとざく切りにした三ツ葉を盛り合わせ、新しい美味だしをかける。

ぱ

ぷりか／焼物

伊勢海老とパプリカの焼物ワカメのソース

伊勢海老、パプリカ、カブを同時に仕上げてあつあつを提供する。ワカメをミキサーにかけて粘りを出し、太白胡麻油で濃度をつけた温かいワカメのソースをかけて。

（江﨑）

ふき／寄せ物

蕗と穴子の筏寄せ

フキを筏に見立ててアナゴをのせるのが本来の姿だが、ここではフキの美しさを見せるために、あえて逆さにした。ゼラチンは少しかために調整するのがきれいにつくるポイント。（野崎）

ふき／焼物

蕗の松皮巻

春の食材、桜ダイの皮と蕗を合わせた春の料理。タイは皮が美味しいので、残さずに使いたい。このとき皮に身を少し厚めに残すと、高級感を出すことができる。タイの皮は松の樹皮に似ていることから「松皮」と名づけることが多い。（野崎）

ゆがいたフキにタイの皮を巻いて串で留める。タイに限らず魚の皮にはゼラチン質が多く、身との間は脂がのっていて味がよい。

伊勢海老とパプリカの焼物 ワカメのソース

赤、黄パプリカ
ミヤマカブ
イセエビ、塩
太白胡麻油
ワカメのソース（↓14頁）
ウドト、金時ニンジン

1 赤と黄色のパプリカは、表面の皮が真っ黒くなるまで焼き網で充分焼く。

2 水にとって冷まし、皮をむく。種と軸を取り除いて四角く切りそろえる。

3 フライパンに太白胡麻油を熱し、パプリカを焼いて水っぽさを飛ばし、こうばしさをつける。

4 ミヤマカブを皮ごとくし形に切って、150℃のオーブンで8分間、裏返してさらに8分間加熱する。

5 イセエビはヒゲが折れないように輪ゴムでまとめる。湯を沸かし、8分間ゆでる。蒸してもよい。

6 湯から取り出して半割りにし、身を取り出し、3等分に切る。太白胡麻油をひいたフライパンで焼き、塩少量をふって味をつけ、殻に戻す。

7 イセエビ、パプリカ、カブを盛り合わせ、ワカメのソースをかける。ウドと金時ニンジンでつくったけんを添える。

蕗と穴子の筏寄せ

フキ、塩
昆布立て（水1リットル、
　昆布5〜10g、塩15g）
アナゴ、濃口醤油
ゼリー地
（だし8：淡口醤油1：味醂1、
粉ゼラチンは調味液180ccに
対して5g）

1　フキは塩をまぶして板ずりし、熱湯でゆでて冷水にとり、皮とスジをむく。昆布立てに約1時間浸ける。

2　アナゴは背開きにして串を打ち、天火で両面を焼いて、仕上げに濃口醤油を1塗りする。

3　ゼリー地をつくる。だし、淡口醤油、味醂を合わせて火にかけ、一煮立ちしたら火を止め、水で戻した粉ゼラチンを溶かして粗熱をとる。

4　**1**のフキの水気をふいて、流し缶に並べる。上に**2**のアナゴを重ねて、**3**のゼリー地を流して冷やし固める。

5　切り出して器に盛る。

蕗の松皮巻

フキ、塩
昆布立て（→上段）
タイの皮（ウロコを落としたもの）
照り焼地＊（味醂6：日本酒6：
　濃口醤油1）
木ノ芽

＊材料を合わせて火にかけ、半分程度に詰めておく。

1　フキは塩をまぶして板ずりし、熱湯でゆでて冷水にとり、皮とスジをむく。昆布立てに約1時間浸けて下味をつける。

2　フキの水気をふいて、皮目が外になるようにタイの皮をらせん状に巻きつけて串を打って留める。

3　天火で皮に焼き目がつく程度まであぶったら煮詰めた照り焼地をかけながら焼き、叩き木ノ芽を散らす。

ふき／ご飯

蕗と黒毛和牛のごはん

牛肉と相性のよいフキを葉から茎まですべて使って牛肉をボリュームアップ。フキの青煮の色がさわやか。（堀内）

ふきのとう／揚物

蕗の薹チーズ射込揚

フキノトウの芯の部分にチーズを射込んで揚げ、黄味を散らして福寿草の花に見立てた。フキノトウの苦みが乳製品でまろやかに和らぐ。（野崎）

ふきのとう／揚物

ふきの唐コロッケ

芽吹きの春を感じさせてくれるさわやかな苦みをもつフキノトウ。中に少量の鶏挽肉を混ぜ込んだナガイモの種を詰めて一口大のコロッケにした。（堀内）

ふきのとう／揚物

蕗の薹と海老の二身揚

フキノトウの透けるような薄いガクの淡い苦みとエビの甘さがよく合う。エビを合わせてフキノトウをグレードアップ。前菜などに。（野﨑）

蕗と黒毛和牛のごはん

フキ　1本
塩　適量
白絞油　少量
日本酒　10cc
濃口醤油　5cc
昆布だし（昆布10g、水180cc、塩2g）
黒毛和牛イチボ肉　100g
木ノ芽　20枚
花穂紫蘇　3本
米　2合

1　フキは葉と茎に分ける。茎は塩をまぶして1時間ほどおく。葉は細かく刻み、水に1時間ほど浸けてアクを抜いたのち水気をきっておく。

2　フライパンに白絞油をひいて、**1**のフキの葉を炒める。日本酒を入れてさらに炒め、香りづけに濃口醤油をたらす。フキの香りを生かしたいので、胡麻油などは使わない。味つけもシンプルに。

3　フキの茎は水で洗って塩気を抜く。鍋にたっぷりの水を入れて沸かし、茎を入れてゆでる。柔らかくなったら水にとって茎の皮をむく。

4　**3**を昆布だしに浸けておく。カツオだしを使うと香りが強すぎてフキの香りが抑えられてしまう。昆布のほうがフキの味がよく出る。

5　牛肉に串を打ち、塩を少量ふって炭火で焼く。しばらくおいて肉汁が落ち着いたら切り分ける。

6　ご飯を炊き、**2**のフキの葉を混ぜて器に盛る。上に細かく刻んだ**3**の茎を散らす。**5**の牛肉を盛り、花穂紫蘇、木ノ芽を散らす。

蕗の薹チーズ射込揚

フキノトウ　5個
プロセスチーズ　5g×5
薄力粉　適量
天ぷら衣*（薄力粉100g、卵黄1個分、水200cc）
揚げ油、塩　各適量
卵黄　適量

*薄衣にしたいときは、水の分量を増やす。

1　フキノトウは芯の部分を抜いて、5gに切ったプロセスチーズを詰めてガクをかぶせてもとの形に整える。

2　卵黄は湯煎にかけ、数本の箸で混ぜながら煎り、火が通ったら裏漉しする。ボウルに和紙を敷き、裏漉しした卵黄をのせ、再び湯煎にかけて油抜きをする。

3　**1**に薄力粉をまぶして、天ぷら衣にくぐらせ、170℃の油で揚げる。

4　油をきって塩をふり、フキノトウの先端に切り込みを入れて、**2**の卵黄をふる。

ふきの唐コロッケ

（10個分）

フキノトウ　10個
コロッケの種　20g×10個
山椒味噌　適量
薄力粉、溶き卵、生パン粉＊　各適量
揚げ油　適量

◎コロッケの種

玉ネギ（みじん切り）　2個
ナガイモ　2本
片栗粉　適量
卵　2個
鶏挽肉　500g
白絞油　適量
日本酒　15cc
濃口醤油　15cc

◎山椒味噌（つくりやすい分量）

桜味噌　1kg
実サンショウ＊＊　200g
砂糖　100g

＊生パン粉をミキサーにかけたのち、さらにふるいに2回かけて細かくする。
＊＊青い実サンショウが出回る時期に大量に仕込んで冷凍し、1年中使用している。3回ほどゆでこぼしたのち、水にさらしてアク抜きをし、小分けにして冷凍保存する。

1　フキノトウは中のツボミを取り出しておく。ツボミは細かく刻んで水に放ってアクを抜く。

2　コロッケの種に**1**のフキノトウのツボミを混ぜる。種20gを取り分け、中に山椒味噌を少量詰めて丸める。

3　**2**に薄力粉をまぶし、溶き卵をつけ、パン粉をまぶし、周りに**1**ではずしたフキノトウのガクをつけておく。

4　160℃の揚げ油で**3**をじっくり揚げる。高温にするとガクがはがれてしまう。油をきって器に盛って、笹をあしらう。

◎コロッケの種

1　鶏挽肉を白絞油をひいたフライパンで炒めて日本酒と濃口醤油を加えて炒り、そぼろをつくる。

2　別の鍋にすりおろしたナガイモを入れて火にかける。ナガイモに火が通ったら火からおろし、玉ネギ、**1**のそぼろ、卵、つなぎの片栗粉を入れてよく混ぜて種をつくる。

◎山椒味噌

1　材料をすべて合わせて鍋に入れ、弱火にかけて木ベラで20分間練る。

蕗の薹と海老の二身揚

フキノトウ、薄力粉
エビ
淡口醤油　適量
片栗粉、揚げ油、塩　各適量

1　エビは頭と背ワタを除いて殻をむく。包丁で細かく叩いて、淡口醤油で下味をつける。

2　フキノトウのガクを1枚ずつむしり取る。

3　ガクの内側に刷毛で薄力粉をつけ、**1**を丸めてのせる。

4　片栗粉をまぶし、170℃の油で揚げて塩をふる。

ぶ
ろっこりー／汁物

ブロッコリーのすり流し スープ仕立て

だしは使わず、西洋料理の香味野菜をじっくり炒めて甘みを凝縮させて旨みをとったすり流し。ブロッコリーとカリフラワーを合わせて、食べやすくした。（江﨑）

み
つば／焼物

根三葉と紅葉鯛炭火焼 三葉ソース

根三ツ葉を葉から根まで使い尽くした一品。秋に脂がのって美味しくなる紅葉ダイを分厚く切った聖護院カブの上に盛って高さを出し、炒めた根三ツ葉の根を添えてボリューム感を出した。（堀内）

み

ょうが／揚物

茗荷の子持揚

卵に加えたタラコの塩味と旨みがアクセント。ミョウガのシャキシャキとした歯ざわりがさわやかな夏の揚物。（野﨑）

み

ょうが／鍋物

茗荷の玉子とじ

ミョウガは香りとシャキシャキとした歯ざわりが持ち味なので、煮すぎないこと。余熱で火を入れるくらいの気持ちで。グラグラと沸かすとすぐに卵がかたくなるので注意。（野﨑）

ブロッコリーのすり流し スープ仕立て

（5人前）

ブロッコリー　200g
カリフラワー　100g
水　400cc程度
玉ネギ（薄切り）　30g
ニンジン（薄切り）　20g
セロリ（薄切り）　15g
太白胡麻油　20cc
塩、淡口醤油　各適量

1　ブロッコリーとカリフラワーは小房に分けて煮くずれる手前まで柔らかく塩ゆでする。ザルにとっておか上げし、ウチワであおいで冷まして色どめをする。この段階で火を通して色どめしておくと、スープに仕立てるときに色が飛ぶのを防ぐことができる。

2　玉ネギ、ニンジン、セロリを薄切りにして、たっぷりの太白胡麻油をひいたフライパンで色づけないようにじっくり炒める。

3　鍋に**2**を移し、**1**のブロッコリーとカリフラワーを入れて、浸るくらいの水を注いで火にかける。沸いたら火を弱めてくたくたになるまで煮る。

4　そのまま冷ましてミキサーにかけ、裏漉しする。

5　小房に分けた生のブロッコリーを170℃の太白胡麻油で泳がせるように揚げる。

6　**4**を鍋に移して火にかけ、塩と淡口醤油で味をつける。器に盛り、**5**の素揚げのブロッコリーを添える。

根三葉と紅葉鯛炭火焼 三葉ソース

タイ（切り身）　60g
塩　少量
聖護院カブ　30g
根三ツ葉ソース　適量
根三ツ葉の根
オリーブ油、塩、淡口醤油　各適量

◎根三ツ葉ソース（4人前）
根三ツ葉の茎と葉　100g
浸し地
（だし15：日本酒1：淡口醤油1）
合せだし（だし180cc、淡口醤油18cc、味醂18cc）
オリーブ油　9cc

1　根三ツ葉は根を切る。根と茎葉を別々のボウルに入れて水に30分間さらしてアクを抜く。

2　根は水気をきって乾かす。フライパンにオリーブ油をひいて根を炒め、塩と淡口醤油少量で味をつける。根の苦みを生かす味つけにする。

3　タイはウロコをとって三枚におろして切り身にする。串を打ち、塩をふって炭火で焼く。

4　聖護院カブは皮をむいて厚めの半月切りにする。カブは弱火の炭火でじっくり時間をかけて焼く。

5　器に焼いた聖護院カブ、タイをのせる。根三ツ葉ソースをかける。**2**の根三ツ葉の根を上に盛る。

◎根三ツ葉ソース

1　根三ツ葉の葉と茎を熱湯でゆでて冷水にとって浸し地に浸けておく。

2　**1**をミキサーにかけ、合せだしでのばし、仕上げにオリーブ油を加えて香りをつける。

茗荷の子持揚

ミョウガ　6個
種
　タラコ　1腹分
　卵黄　1個分
薄力粉　適量
天ぷら衣
（薄力粉100g、水200cc、
　卵黄1個分）、揚げ油
天つゆ

◎天つゆ
だし　8
淡口醤油　1
味醂　1

1　種を用意する。卵黄をボウルに入れて湯煎にかけ、濃度がつくまで木べラで混ぜる。
2　タラコの薄皮をむいてほぐし、**1**と合わせる。
3　ミョウガは縦半分に切り、芯の部分に包丁で切り込みを入れて取り除き、船形にする。内側に薄力粉をまぶし、**2**の種を詰める。
4　**3**の周りに薄力粉を刷毛でまぶして天ぷら衣にくぐらせ、170℃の油で2〜3分間揚げてカリッと仕上げる。別に天つゆを添える。塩をふるだけでもよい。

◎天つゆ
1　すべての材料を合わせて火にかけ、一煮立ちさせたら火を止める。

茗荷の玉子とじ

ミョウガ　1.5個
油揚げ　1／2枚
卵　1個
煮汁
（だし17：淡口醤油1：味醂0.5）

1　ミョウガは縦半分に切り、斜め切りにする。油揚げは網にのせて直火で焼き目をつけて短冊に切る。
2　小鍋に煮汁を注ぎ、ミョウガ、油揚げを盛って火にかける。
3　一煮立ちしたら溶いた卵を回し入れて火を止める。

み ょうが／ご飯

茗荷ご飯

ミョウガは水にさらさず、直前にせん切りにして土鍋に加えて蒸し上げ、さわやかな香りをたてる。（江﨑）

ミョウガ（せん切り）　2個
米　1合
水　180cc
昆布　2cm角1枚
塩　5g

1　米を研いで土鍋に入れて水を注ぎ、昆布と塩を入れて炊く。
2　炊き上がったらミョウガを入れて蒸し、切り混ぜる。

め

かぶ／酢の物

鳥貝と芽かぶの酢の物 山椒の香り

貝類やヌメリのあるものに相性のよいサンショウを三杯酢に加えた酢の物。トリガイの黒く光った表面を損なわないように残すには、まな板の上にアルミホイルを敷いて下処理をするとよい。（江﨑）

メカブ
トリガイ
サンショウの三杯酢（↓13頁）

1 メカブは熱湯でサッとゆでて鮮やかな色を出す。すぐに冷水にとって冷まし、水気をしっかりふいて粗く切る。そのあと2本の包丁で刃叩きしてヌメリを出す。

2 トリガイは殻をはずして開き、内臓などを取り除いて掃除する。まな板の上にアルミホイルを貼ると表面の黒色を損なわずに処理ができる。

3 湯を沸かし、**2**のトリガイをサッとくぐらせ、冷水にとる。すぐに水気をふいておく。

4 **1**のメカブと**3**のトリガイをサンショウの三杯酢で酢洗いして酢をきる。酢洗いすることで、メカブとトリガイの水っぽさが抜ける。

5 メカブを器に盛り、トリガイを添える。サンショウの三杯酢を上からかける。

長芋の三杯酢 もみじ茶

モミジの葉を粉末状にしたモミジ茶（岐阜県産・ティーバッグ）を抽出して色づけしたナガイモは、三杯酢に短時間浸けかえて歯応えのよいうちに提供する。（江﨑）

ナガイモ
モミジ茶抽出液　15cc
三杯酢（米酢30cc、淡口醤油15cc、煮きり味醂30cc）
紫芽

1　モミジ茶を熱湯で抽出して冷ましておく。
2　ナガイモを短冊に切って、冷たいモミジ茶に1晩浸けて色づけする。
3　提供時に三杯酢にくぐらせて、サクサクとした食感が残るよう、すぐに提供する。紫芽を添える。

や

まいも／寄せ物

サーモン博多寄せ

酢締めしたサーモンと黄色く色づけた芋寿司を4段に重ねた色あざやかな料理。博多帯の柄のように数段重ねることを「博多」という。（野﨑）

（15㎝角の流し缶1台分）

芋寿司
サーモン　200g
塩、酢　各適量
吉野酢
（だし60cc、淡口醤油20cc、味醂20cc、酢40cc、水溶き片栗粉適量）

◎芋寿司

ヤマトイモ
（蒸して裏漉し）　250g
卵黄　1個分
砂糖　50g
酢　50cc
塩　1つまみ

1　サーモンは三枚におろしてたっぷり塩をふって2時間おいたのち、水で洗って酢に20分間浸ける。流し缶の長さに合わせてサク取りし、厚さ8㎜に切りそろえる。

2　流し缶の底に芋寿司を薄く敷き詰め、サーモンを2段目に平らに敷く。その上にさらに芋寿司を詰め、一番上にサーモンを敷く。

3　ラップフィルムをかけて重しをし、冷蔵庫で冷やして落ち着かせる。

4　吉野酢の材料を鍋に合わせて一煮立ちさせ、水溶き片栗粉でとろみをつけて冷ます。

5　3を切り出して、4の吉野酢をかける。

◎芋寿司

1　鍋に蒸して裏漉ししたヤマトイモ、卵黄、砂糖、酢を入れて中火にかけ、木ベラで絶えずかき混ぜる。

2　1の水分が飛んでもったりと重たくなってきたら、塩で味を調え、バットに広げて冷ます。冷めたら2等分にしておく。

蟹と長芋 薯蕷羹

サクサクと歯応えのよいナガイモに少量のカニを加えて旨みをプラス。ナガイモはすりおろしにあられ切りを混ぜて食感に変化をつけた。（野﨑）

薯蕷羹
べっこう餡（↓37頁）　適量
管ゴボウの含め煮
よりショウガ
ボウフウ

◎薯蕷羹（15㎝角の流し缶1台分）
ナガイモ　300g
昆布だし　150cc
塩　2g
淡口醤油　5cc
カニ（むき身）　150g
粉ゼラチン　10g

◎管ゴボウの含め煮
ゴボウ
煮汁（だし25：淡口醤油1）

1　器に冷たいべっこう餡を流し、薯蕷羹を切り出して器に盛る。

2　管ゴボウの含め煮を斜め切りにして添え、よりショウガ、ボウフウを飾る。

◎薯蕷羹

1　ナガイモは皮をむき、2／3は包丁で細かく叩き、残りの1／3はすり鉢ですりおろす。これらをボウルで混ぜ合わせる。

2　昆布だし、塩、淡口醤油を合わせて一煮立ちさせたら火を止め、水で戻した粉ゼラチンを加えて溶かし、人肌に冷ます。

3　**2**に**1**とカニをほぐして混ぜ、流し缶に流して、冷蔵庫で冷やし固める。

◎管ゴボウの含め煮

1　ゴボウは5㎝長さに切り、米糠を入れた水でゆでる。スッと串が通るくらい柔らかくなったらザルに上げ、細い串を使って芯をくり抜く（↓202頁）。

2　ゴボウの米糠を洗い流して、糠のクセを抜くために水からゆでこぼす。

3　煮汁を合わせてゴボウを入れて火にかけ、サッと煮含める。

ゆりね／寄せ物

黒豆百合根

百合根きんとんに黒豆の蜜煮を混ぜて茶巾に絞った。小さくつくれば八寸などに使えるし、大きくすれば甘味にもなる。（野﨑）

ユリネ（裏漉し）　250g
砂糖蜜（砂糖60g、水60cc）
黒豆蜜煮　適量
塩　1つまみ
水飴　大さじ2

1　ユリネは1枚ずつていねいにはずし、水で洗って約5分間強火で蒸して裏漉しする。

2　**1**を鍋に移して砂糖蜜を加えてのばし、中火にかけて木ベラで練る。フツフツと沸いたら塩と水飴を加えて混ぜ、バットに広げて冷ます。

3　**2**のユリネきんとんに好みの分量の黒豆蜜煮（解説省略）を混ぜてサラシで茶巾に絞る。

ゆりね／揚物

百合根雲丹最中

少量の塩雲丹を芯にして、百合根の燐片数枚でつぼみのように包んだ揚物。白く仕上げたいので、衣は卵白を泡立てた白扇衣とした。一口大で食べやすく、酒肴にぴったりの一品。（野﨑）

ユリネ
塩ウニ
薄力粉、片栗粉、揚げ油、塩
白扇衣（卵白1個分、片栗粉15g）

1 ユリネは1枚ずつていねいにはずし、水で洗って水気をふいておく。内側に薄力粉を刷毛でつけ、塩ウニを詰めて最中のように2〜3枚のユリネで挟む。

2 白扇衣をつくる。卵白を泡立て器で8割程度に泡立て、ここに水で溶いた片栗粉を加える。

3 **1**の周りに片栗粉を刷毛でまぶし、白扇衣にくぐらせて、160℃の油で揚げる。油をきって塩をふる。

百合根万十 煎餅包み

裏漉ししたユリネで鶏挽肉を包み、周りに砕いた煎餅をつけてカリッと揚げた、青山えさきのスペシャリテ。餡をたっぷりかけて、ホウレン草を添えるのも変わらぬスタイル。（江﨑）

（4人前）

ユリネ 200ｇ
ヤマトイモ 50ｇ
まんじゅうの種 1個につき50ｇ
素焼き煎餅 4枚
片栗粉 適量
卵白 1個分
揚げ油 適量
ホウレン草のお浸し
餡
ショウガ

◎まんじゅうの種

鶏挽肉 100ｇ
太白胡麻油 適量
砂糖、淡口醤油、味醂 各適量
卵 1個

◎ホウレン草のお浸し

ホウレン草 1／3束
浸し地
（だし12：淡口醤油1：味醂0.5、カツオ節は液体800ccに対して15ｇ）

◎餡

だし 14
淡口醤油 1
味醂 1
カツオ節
液体800ccに対して15ｇ
葛粉 適量

1 ユリネは鱗片を1枚ずつはずし、ヤマトイモは皮をむいて適当に切る。ユリネとヤマトイモを蒸し器で蒸して裏漉しし、混ぜ合わせる。

2 **1**を50ｇとり、まんじゅうの種を少量包んで丸める。

3 片栗粉をまぶし、溶いた卵白をくぐらせて、小さく割った素焼き煎餅を貼りつける。170℃に熱した油で、2〜3分間揚げる。

4 揚げたての百合根万十を器に盛り、ホウレン草のお浸しを軽く絞って添え、熱い餡をかける。おろしショウガを添える。

◎まんじゅうの種

1 鶏挽肉は太白胡麻油で炒めて、砂糖、淡口醤油、味醂を加えて味をつける。

◎ホウレン草のお浸し

1 ホウレン草は熱湯でゆでて冷水にとり、水気を絞る。

2 長さ3cmに切って、浸し地に5分間浸ける。浸し地はだし、淡口醤油、味醂を合わせて一煮立ちさせ、カツオ節を入れてそのまま冷まして漉したもの。

◎餡

1 鍋にだし、淡口醤油、味醂を入れて火にかけ、沸いたら火を止め、カツオ節を加えて、そのまま冷まして漉す。

2 提供時に再度温め、水で溶いた葛粉を加えてとろみをつける。

ら

らっきょう／酢の物

島らっきょと豆鯵南蛮漬け

南蛮漬けには玉ネギのスライスがつきものだが、ここではかわりに島ラッキョウの甘酢漬けをたっぷり添えて、野菜の分量を多くした。（堀内）

島ラッキョウ、塩
甘酢（リンゴ酢180cc、水270cc、砂糖50g、塩3g）
マメアジの南蛮漬け
煎り胡麻

◎マメアジの南蛮漬け
マメアジ　2尾
薄力粉、揚げ油
南蛮酢
（穀物酢200cc、味醂200cc、濃口醤油100cc、砂糖50g、タカノツメ3本）　適量

1　島ラッキョウは泥や汚れを水洗いし、水に浸けてシャキッとさせておく。
2　熱湯でゆでておか上げし、軽く塩をふって余分な水分を飛ばす。
3　冷めたら甘酢に浸ける。
4　マメアジの南蛮漬けと島ラッキョウを盛り、南蛮酢をかける。上から煎り胡麻をふる。

◎マメアジの南蛮漬け
1　マメアジは腹ワタを抜き、血合いを取り除いて水気をふく。
2　薄力粉をまぶして170℃の揚げ油で骨まで食べられるように時間をかけてゆっくり揚げる。
3　熱湯をかけて油抜きし、密封容器に並べる。
4　南蛮酢を合わせて熱する。熱い南蛮酢を**3**にかけて冷めるまでおく。

れ

たす／和え物

ザ・レタス

夏みかんの甘酸っぱい柑橘系の香りに包まれたレタス。レタスそのもののおいしさと食感をを味わってもらうために、葉の形を残して仕上げた一品。鮮度が大事なので提供直前にむくこと。（江﨑）

レタス
夏みかんのドレッシング（↓13頁）
天日干し塩（富山産）
黒塩＊

＊竹に塩を詰めて、竹ごと火にくべて焼いた秋田の塩。燻香がついた黒い塩。

1 レタスは丸のままヘタを切って半分に切る。

2 破かないようにていねいにはがす。

3 器に黒塩をふってレタスを盛り、夏みかんのドレッシングをかける。レタスにスプレーしてもよい。

蓮根餅と海老まんじゅう

すりおろしたレンコンでつくったまんじゅうは、中に叩いたエビを入れてプリッとした食感を加えた。レンコン餅はエビのほかに、鶏肉など肉全般などにも合う。（堀内）

（4人前）
まんじゅう
　レンコン（すりおろし）　500g
　片栗粉　50g
　エビ　100g
片栗粉、揚げ油
菊菜のお浸し
銀餡
レンコンチップス

◎菊菜のお浸し
菊菜　1束
浸し地
　（だし15：日本酒1：淡口醤油1）

◎銀餡
だし　8
淡口醤油　1
味醂　1
水溶き片栗粉　適量
おろしショウガ　少量

◎レンコンチップス
レンコン（薄切り）　100g
揚げ油　適量

1　すりおろしたレンコンを鍋に入れ、片栗粉を加えて中火にかけ、10分間ほど木ベラで練る。火を止めて冷まし、生地を締める。

2　エビは殻をむき、プリプリとした食感が残るように包丁で細かく叩く。

3　**1**の生地を丸めてラップフィルムの上にのせて平らにのばし、**2**のエビを乗せて丸く包む。

4　**3**に片栗粉をまぶして180℃に熱した揚げ油でゆっくり火を通す。こがさないように注意。串を刺し、エビに火が入ったかどうかを確認する。

5　器に揚げたてのまんじゅうを盛り、菊菜のお浸しを添える。熱い銀餡をかけて、レンコンチップスを上にのせる。

◎菊菜のお浸し

1　菊菜は熱湯でゆでて冷水にとって水気を絞る。

2　浸け地の材料を合わせて一煮立ちさせて冷まし、**1**を浸けておく。

◎銀餡

1　だし、淡口醤油、味醂を合わせて熱し、一煮立ちしたら水溶き片栗粉を加えてとろみをつける。

2　おろしたショウガを少量加える。

◎レンコンチップス

1　レンコンはスライスし、10分間ほど水にさらしたのち、ペーパータオルで水気をていねいにふく。

2　160℃の揚げ油でじっくり揚げて油をきる。

れんこん／揚物

紅葉蓮根

レンコンは切り方の違いによってさまざまな食感が生まれる。薄い輪切りを煎餅風に揚げればカリッとした食感を、繊維を生かして加熱すれば、ねっとりとした食感を楽しめる。ここでは芥子蓮根風に揚げて厚めに切ってねっとりした食感を出した。（野﨑）

レンコン、酢
タラコの種
天ぷら衣
（薄力粉110g、水200cc）
薄力粉、揚げ油、塩　各適量

◎タラコの種
卵黄　4個分
タラコ　100g

1　レンコンは節を落として皮をむき、酢を入れた熱湯で約10分間ゆでておか上げして水気を飛ばす。

2　**1**のレンコンの穴に薄力粉をまぶし、タラコの種を穴に詰めて2cm幅に切る。

3　刷毛で薄力粉を全体にまぶして天ぷら衣をしっかり厚めにつけて180℃の油で揚げる。

4　揚がったら取り出して油をきり、軽く塩をふる。半分の厚さに切り分けて器に盛る。

◎タラコの種

1　ボウルに卵黄を入れて湯煎にかける。絶えず木ベラで混ぜて加熱し、濃度がついてきたらボウルの底を冷水にあてて冷ます。

2　冷めたらほぐしたタラコを混ぜる。

蓮飯

口の中でご飯となじむように、レンコンをコロコロに切って粘り気を出した。レンコンのねっとりした食感を楽しんでいただく切り方で。（野﨑）

レンコン（乱切り）　２００g
油揚げ（みじん切り）　１枚
煮汁（水10：淡口醤油１：日本酒１）
米　３合
炊き地（水４５０cc、淡口醤油45cc、日本酒45cc）
松ノ実　適量
ワケギ　適量

1　米は洗米し、15分間浸水させたのち、ザルに上げて15分間おく。

2　油揚げは熱湯に浸けてザルに上げ、油抜きをする。フードプロセッサーで細かくして鍋に移し、浸るくらいの煮汁を注いで一煮立ちさせ、冷ましておく。

3　レンコンは一口大の乱切りにし、熱湯にくぐらせて霜降りする。

4　土鍋を用意し、**1**の米、合わせた炊き地、汁気をきった油揚げ、レンコンを入れる。

5　最初は強火に7分間ほどかけ、沸騰したら中火にして7分間、さらに弱火にして7分間、極弱火で5分間加熱したら火を止める。

6　5分間蒸らしたのち、煎った松ノ実、小口から切ったワケギを加えて混ぜる。

れ

んこん／デザート

蓮根のおやき

すりおろしたレンコンを丸くのばし、中に漉し餡を詰めて焼いたおやき。焼くときに表面に薄切りレンコンを当てて、輪切りの模様をつけた。（堀内）

（8個分）

レンコン（すりおろし） 300g
片栗粉 10g
漉し餡 100g
サラダ油 少量

1 レンコンをすりおろし、片栗粉を加えて鍋に入れて弱火にかけて5分間練る。

2 **1**を手のひらで薄くのばし、饅頭をつくる要領で漉し餡を包み、円盤状に成形する。

3 テフロン加工のフライパンにサラダ油をひいて熱し、**2**を焼く。

4 上から輪切りにしたレンコンを押しつけて模様をつける。

5 裏側が焼けたら裏返して焼き目をつける。

わらび／和え物

春浸し

春野菜に子持昆布を加えることで、料理屋の一品に。アク抜き汁でアクを抜くと発色がよくなる。(野﨑)

ワラビ
アク抜き汁(大根おろし汁500cc、水500cc、塩10g)
灰、重曹、塩　各適量
ニンジン、ウド
三ツ葉
子持昆布
浸し地(だし7：淡口醤油1：日本酒1)

1　ワラビはアク抜き汁に3時間浸したのち、水気をきって灰をまぶす。

2　鍋に熱湯を沸かし、重曹と塩を加える。ここに1のワラビを入れて1分間ほどゆでて冷水にとる。ゆで汁は別に冷ましておく。ゆで汁が冷めたら、ワラビを戻して2時間ほど浸けておく。

3　子持昆布は塩抜きをする。1％の塩分濃度の塩水を15分間おきに5回ほど取り替えながら塩分をほどよく抜く。水で洗い、浸し地に30分間浸ける。

4　ニンジンは長さ3cmのマッチ棒大に切り、熱湯にくぐらせて3の浸し地に入れる。

5　三ツ葉は3cmに切って熱湯にくぐらせる。ウドはニンジンと同様に切る。

6　食べやすく切ったワラビと子持昆布、ウド、三ツ葉、ニンジンを盛り、浸し地をかける。

わらびと大山鳥団子煮物椀

ワラビをたっぷり使って鳥団子をご馳走に。ワラビが柔らかくなりすぎないように加熱時間に差をつけ、団子が温まってからワラビを加えるとよい。肌寒い日には鍋仕立てにしてもいいだろう。また鶏のかわりにイワシのツミレもワラビに合う。（堀内）

ワラビ　400g
煮汁A（水420cc、昆布10g、塩3g、淡口醤油42cc）
鳥団子
煮汁B（水1.2リットル、塩3g、淡口醤油30cc、日本酒30cc）
木ノ芽

◎鳥団子
鶏挽肉　200g
長ネギ（みじん切り）　1本
ショウガ（みじん切り）　少量
ニンジン（みじん切り）　10g
片栗粉　適量
田舎味噌　少量

1　ワラビのアクを抜く。重曹50gと塩50gを混ぜ合わせ、ワラビにふりかけて1時間おく。

2　湯1リットルに先の重曹と塩のブレンドを50gほど入れ、90℃まで沸かす。ここに**1**のワラビを入れて火を止め、柔らかくなるまでおく。

3　柔らかくなったら水にさらし、1日おく。

4　ワラビは下から2cmくらいのところはかたいので、叩いたりミキサーにかけて餡に加えたり、わらび餅などに使う。穂先のほうの水気をきり、煮汁Aの材料を合わせてサッと炊いてそのまま冷ます。

5　提供時、鳥団子を丸めて煮汁Bとともに火にかけ、団子が中まで温まったら**4**のワラビを入れてサッと炊く。

6　器に団子とワラビを盛り、煮汁をたっぷり注ぎ、木ノ芽を添える。

◎鳥団子

1　材料をすべて合わせてよく練る。

2　鍋に湯を沸かし、団子を丸めて湯に落として15分間中火で煮る。鳥の旨みが出てきたら、塩、淡口醤油、日本酒で味を調える（煮汁B）。

わ

わらび／ご飯

わらびゆばとろ餡かけご飯

ワラビを叩くと出てくる独特の粘り気は、ユバや餡のとろみと一体になる。このワラビと温めたユバをご飯にのせて、熱い餡をかけてすすめる。（堀内）

ワラビの軸　10本分
煮汁（だし8：濃口醤油0.5：味醂0.5）
生ユバ　60g
餡（だし8：濃口醤油1：味醂1、水溶き葛適量）
ご飯
ワラビの穂先　1本
ワサビ

1 ワラビはアクを抜く（→170頁）。根元寄りのかたいほうを細かく包丁で叩き、煮汁を合わせてサッと煮る。

2 生ユバはバットに入れて、蒸し器で温める。

3 餡をつくる。だしに濃口醤油、味醂を入れて火にかける。一煮立ちしたら水で溶いた葛粉を加えてとろみをつける。

4 茶碗にご飯を盛り、2のユバ、1のワラビを盛って、3の餡をかける。ワラビの穂先とワサビを添える。

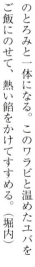

わらび／デザート

蕨餅 黒蜜掛

ワラビの根元近くのかたい部分をフードプロセッサーにかけて利用した。ワラビ粉ではなく本当のワラビを使った蕨餅。（野﨑）

ワラビ（アク抜き↓169頁） 1
A（水7：葛粉1：砂糖1）
黒蜜（↓86頁空豆蜜煮）
きな粉

1 アク抜きしたワラビは根元のかたいほうを用意する。フードプロセッサーにかけて細かくする。

2 ボウルにAを表記の割で合わせて、すいのうで漉して鍋に移す。

3 **2**を火にかけて絶えず木ベラでかき混ぜ、全体が固まってきたら**1**のワラビ1を加えて、さらに5分間ほど練る。

4 **3**をラップフィルムにとって茶巾に絞って氷水に浸けて冷やす。

5 器に黒蜜を流し、**4**のワラビ餅のラップフィルムを取って盛る。きな粉をまぶしてもよい。

い ろいろ／和え物

春にがみ野菜お浸し

春野菜はシャキシャキとした食感とほのかな苦みが持ち味。それぞれ別にゆでて浸し地に浸けておき、提供時に合わせると、それぞれの食感と味が生きてくる。（堀内）

タケノコ
煮汁（だし10：日本酒1：淡口醤油1：砂糖少量）
ミョウガ
浸し地A（昆布だし100cc、塩5g、日本酒8cc）
フキ
浸し地B（昆布だし100cc、塩5g、日本酒8cc）
ワラビ
浸し地C（昆布だし100cc、塩5g、日本酒8cc）
菜ノ花
浸し地D（だし12：味醂1：淡口醤油1）
ウド
浸し地E（昆布だし100cc、塩5g、日本酒8cc）
木ノ芽　10枚

---

1 タケノコは米糠を入れた水からゆでて、柔らかく煮て掃除をする。タケノコの穂先を薄く切り（→201頁）、煮汁を合わせて30分間ほど炊いてそのまま冷まし、味を含ませる。

2 ミョウガは半分に切って浸し地Aに浸ける。フキは塩で板ずりして1時間おき、熱湯でゆでて氷水にとってスジをむき、浸し地Bに1時間浸けて味を含ませる。

3 ワラビはアクを抜いて（→170頁）ゆで、浸し地Cに1日浸ける。

4 菜ノ花は熱湯でゆでて氷水にとり、浸し地Dに半日浸けて味を含ませる。

5 ウドは皮をむき、酢水にとって色どめをし、酢を加えた湯で3分間ほどゆでて氷水にとって、浸し地Eに半日ほど浸ける。

6 提供時それぞれを適宜切って盛りつけ、木ノ芽を散らす。

い
ろいろ／和え物

春野菜のサラダ仕立て ローズヒップとハイビスカスのソース

さまざまな野菜を少しずつ盛り合わせた。食感や香りの違いを出すことが大事なので、火の通し方を変えて調節する。酸味のあるピンクのソースで春らしさを表現。（江﨑）

下仁田ネギ
ウド、タラノメ
紅くるり大根
メキャベツ、塩
滝野川ニンジン
ポンカン
大根
煮汁A（だし400cc、淡口醤油10cc、塩小さじ1）
紫花マメ
煮汁B（水400cc、きび砂糖60g、淡口醤油10cc）
シラウオ
片栗粉、太白胡麻油、菜種油
ローズヒップとハイビスカスのソース（↓15頁）

1 下仁田ネギは長いまま太白胡麻油をひいたフライパンで焼いて一口大に切る。

2 ウドとタラノメは片栗粉をまぶして180℃の太白胡麻油で揚げる。

3 紅くるり大根はいちょう切りにして水からゆでる。メキャベツは塩を入れた熱湯でゆでる。滝野川ニンジンは水からゆでて長めに切る。ポンカンは皮をむいておく。

4 大根は厚さ2㎝の輪切りにして水から下ゆでし、柔らかくなったら煮汁Aで煮て、そのまま冷まして味を含ませる。

5 菜種油をひいたフライパンを熱し、煮含めた大根の両面にこうばしい焼き目をつける。

6 紫花マメは水からゆでて、3回ほどゆでこぼしてアクを抜く。マメを鍋に入れて水を浸るくらいまで注いで火にかける。沸いたら火加減を中火にし、煮汁Bのきび砂糖と淡口醤油を1／3ずつ加えて30分間コトコトと煮る。30分間煮たら、30分間火からおろしてやすませる。これを3回くり返す。

7 シラウオは片栗粉をまぶして170℃の太白胡麻油で揚げる。

8 器にローズヒップとハイビスカスのソースを流し、**1**～**7**を盛り合わせる。

春が来た！

大皿に盛りつけたアナゴとエビの2カンの握り寿司を、色とりどりの野菜が華やかに演出し、視覚的にも満足感を与えてくれる。（江崎）

アナゴの握り
車エビの握り
山菜の薄衣揚げ
ゆで野菜
ホタルイカ（ボイル）
イクラ塩漬け
ニンジン、トマト、パイナップル
ハッサク、イチゴ
紅くるり大根甘酢漬け
キュウリのソース（↓12頁）

◎アナゴの握り
アナゴ　8本
煮汁（水200cc、だし100cc、日本酒200cc、濃口醤油50cc、砂糖大さじ2、味醂50cc）
煮ツメ*
寿司飯（米1合、寿司酢**30cc）

◎車エビの握り
車エビ（活）
トマトの寿司飯（↓180頁）

◎山菜の薄衣揚げ
フキノトウ
ユキノシタ
薄衣（薄力粉、水）、太白胡麻油

◎ゆで野菜
スナップエンドウ、サヤインゲン
コマツナの花、ウルイ

◎紅くるり大根甘酢漬け
紅くるり大根
甘酢（昆布だし200cc、米酢70cc、砂糖70g、塩3g）

*アナゴを煮た煮汁を1／3量まで、ていねいにアクを取りながら煮詰める。
**米酢200cc、砂糖50g、塩15gを合わせてつくる。

1 アナゴの握りと車エビの握りを盛る。
2 周りに山菜の薄衣揚げ、ゆで野菜、ホタルイカとイクラの塩漬け、ニンジン、トマト、パイナップル、ハッサクとイチゴを盛りつける。
3 キュウリのソースを適宜に流し、紅くるり大根甘酢漬けを散らす。

◎アナゴの握り
1 煮アナゴをつくる。アナゴを背開きにして鍋に並べる。水、日本酒、だしを注いで紙蓋をして火にかける。
2 沸いたら途中で濃口醤油、味醂を加えて薄めの味をつける。弱火で約1時間半ほど煮る。
3 米を炊き、合わせた寿司酢をきり混ぜて寿司飯をつくる。
4 提供時、煮アナゴをバーナーであぶり、ふんわりと仕上げる。
5 寿司飯を取り、アナゴの握りをつくる。上に煮ツメを一刷毛塗る。

◎車エビの握り
1 車エビは氷水に浸けると動きが静かになって扱いやすくなる。エビをしっかり持って、頭のほうからまっすぐ串を通す。
2 湯を沸かし、車エビを入れて3分半ほどゆでて氷水にとる。おか上げして冷ますとエビのミソが流れ出てしまう。
3 殻をむいて腹を開き、背ワタを取り除く。
4 トマトの寿司飯で寿司を握る。上に土佐醤油を一刷毛塗る。

◎山菜の薄衣揚げ
1 薄力粉を水で薄く溶いて衣をつくる。
2 フキノトウとユキノシタの葉裏に衣をつけて、170℃に熱した太白胡麻油で揚げる。

◎ゆで野菜
1 スナップエンドウ、サヤインゲン、コマツナの花、ウルイをそれぞれ熱湯でゆで、冷水にとって水気をきる。

◎紅くるり大根甘酢漬け
1 紅くるり大根をあられ切りにし、甘酢に浸けて半日間おく。

い ろいろ／造り

飾り切りした野菜とお造り

器に氷を敷き詰めた、涼しげな造りの盛り込み。少量多種の造りを、さまざまな形にむいた野菜で華やかに演出。（堀内）

い ろいろ／ご飯

野菜のちらし寿司

寿司飯にトマトを炊き込んだ、野菜中心のちらし寿司。具材には緑黄色野菜をたっぷり使い、色が映える赤黄系の色の魚介類を合わせた。有頭の甘エビなどを上手に利用して華やかに。（江﨑）

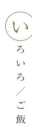

い ろいろ／ご飯

モロヘイヤとオクラ夏野菜ソーメン

素麺に冷たいだしを注ぎ、叩いたモロヘイヤ、あられに切ったナガイモを詰め、上に夏野菜をたっぷりのせた。食事にもなるし、おしのぎにも向くだろう。（堀内）

い ろいろ／デザート

野菜の蜜煮

野菜はそれぞれ火の通りが違うため、味の入り方も違ってくる。そのため糖度を変えて別々に炊いておくとよい。比較的薄味なので、デザート以外に焼物のあしらいなどにも使えて重宝。（堀内）

飾り切りした野菜とお造り

（3人前）

マグロ（平造り）　2切れ×3
タイ（松皮造り）　2切れ×3
サヨリ（平造り）　3切れ×3
イカ（へぎ造り）　2切れ×2
ワサビ
あしらい
ラディッシュ　3個
キュウリ　1本
金時ニンジン　1本
フルーツニンジン（黄）　1本
ボウフウ　3本
大根　1／2本
大根の葉　3本
花穂紫蘇

1　あしらいを準備する。ラディッシュは皮の赤色を生かして桂むきにして水玉ラディッシュをつくり氷水に放つ。

2　キュウリは筒抜きで芯を抜き、蛇の目キュウリとする（→200頁）。一部は丸くくり抜く。金時ニンジンとフルーツニンジンは花びらにむき（→199頁）花を組み立てる。金時ニンジンでよりニンジンをつくる（→196頁参考）。

3　ボウフウは錨ボウフウに（→197頁）、大根は桂むきにして奉書大根をつくる（→196頁）。大根の葉は唐草大根にする（→198頁）。

4　サク取りしたマグロ、タイ、サヨリ、イカをそれぞれ造りにし、砕氷の上に奉書大根を敷いて盛る。**1**～**3**のあしらいと花穂紫蘇を飾る。

野菜のちらし寿司

トマトの寿司飯
ホタテガイ　大1個
アマエビ　2本
イクラ（塩漬け）　50g
ウニ　50g
菜ノ花　3本
キャベツ　20g
キヌサヤ　4～5本
錦糸玉子
甘酢（昆布だし200cc、米酢100cc、砂糖70g、塩3g）

◎トマトの寿司飯
米　1合
プチトマト　5個
水　0.9合
昆布　2cm角1枚
寿司酢（米酢200cc、砂糖50g、塩15g）　30cc

◎錦糸玉子
卵　1個
太白胡麻油　少量

1　具材を用意する。ホタテガイの貝柱は薄くそぎ切りにして表面をバーナーであぶる。アマエビは頭をつけたまま殻をむく。ともに甘酢にサッとくぐらせる。

2　野菜類はゆがいて冷水にとり、水気を絞って甘酢に浸ける。

3　寿司飯を盛り、上にキャベツと錦糸玉子を敷く。ホタテガイ、アマエビ、ウニ、菜ノ花を彩りよく盛り、キヌサヤ、イクラを散らす。

◎トマトの寿司飯

1　米を研ぎ、30分間浸水する。水と昆布、4等分に切ったプチトマトを入れて米を炊く。

2　炊き上がったら、寿司酢を切り混ぜる。

◎錦糸玉子

1　卵を溶きほぐし、熱した玉子焼き器に薄く太白胡麻油をひいて少量流し、薄く焼く。

2　冷めたらせん切りにする。

モロヘイヤとオクラ夏野菜ソーメン

モロヘイヤ
オクラ、塩
ヤングコーン
ナガイモ
マイクロトマト
浸し地
（だし12：淡口醤油1：味醂1）
素麺
素麺だし*
（だし12：味醂1：濃口醤油0.5、追ガツオ）
青ユズ、花穂紫蘇

*だしと調味料を合わせて火にかけて沸かす。沸いたら追ガツオをして漉し、冷やしておく。

1　モロヘイヤは葉をむしって水にさらし、湯でゆでて水にとって水気を絞る。包丁で叩いて粘りを出して浸し地に浸ける。

2　オクラは塩ずりして水に落とし、湯でゆでて水にとり、水気をきって浸し地に浸ける。

3　ヤングコーンは湯でゆでておか上げし、水気をきって浸し地に浸ける。

4　ナガイモはあられ切りにして浸し地に浸ける。

5　素麺をゆでて冷水にとってよく洗う。

6　グラスに水気をきった素麺を盛り、その上に叩いたモロヘイヤ、ナガイモ、オクラとヤングコーンの順に盛る。冷たい素麺だしを注いでマイクロトマトとほぐした花穂紫蘇を飾り、青ユズの皮をふる。

野菜の蜜煮

スナップエンドウ
砂糖蜜A（水1.8ℓ、砂糖1kg）
ユリネ、食紅
砂糖蜜B（水1.8ℓ、砂糖700g）
金時ニンジン
砂糖蜜B（水1.8ℓ、砂糖700g）
レンコン
砂糖蜜C（水1.8ℓ、砂糖500g）
ユズ
砂糖蜜D（水1.8ℓ、砂糖750g）
粉砂糖　適量

*それぞれの砂糖蜜は、水に砂糖を入れて煮溶かして冷ましたもの。

1　スナップエンドウはスジをむき、熱湯でゆでて氷水にとり、水気をきる。砂糖蜜Aに1日浸けておく。緑色を飛ばしたくないので、蜜の糖度を高くして、加熱せずに浸けるのみ。

2　ユリネは燐片を1枚ずつばらして掃除し、花びらの形に縁を切り、少量の食紅を入れた湯で柔らかくなるまでゆでる。食紅の分量は色の好みで調節する。包丁を入れた縁がピンクに染まる。水にとり、砂糖蜜Bでサッと炊き、鍋のまま冷ます。

3　金時ニンジンは厚めの輪切りにして皮を桂にむき、水から柔らかくゆでる。氷水にとって、砂糖蜜Bでサッと炊いて鍋のまま冷ます。

4　レンコンは輪切りにして皮をむき、水からゆでる。火が通ったら砂糖蜜Cでサッと炊いて鍋のまま冷ます。レンコンには甘みがあるために、砂糖蜜の糖度は控えめに。

5　ユズの皮を砂糖蜜Dで15分間ほど炊く（直炊き）。

6　器に粉砂糖を茶漉しでふるい、その上に汁気をきった野菜の蜜煮を盛りつける。

〈フルーツ〉

い ちご／和え物

苺とピスタチオの白和え

豆腐はワインやシャンパンに合わせにくい素材だが、イチゴやピスタチオナッツを加えるだけで相性がよくなる。（堀内）

い ちじく／焼物

無花果の胡麻トロ焼き

ゆるめに練った胡麻豆腐の生地をイチジクにかけてこうばしく焼いてボリューム感をつけた。クリ、柿など秋の素材とともに。（堀内）

きんかん／酢の物

金柑と赤なまこ酢

ナマコは茶ぶりにすると香りが失われるので、できればそのまま使いたい。鳴門産は肉質が柔らかいので、茶ぶりせずそのまま掃除して使えるのが魅力。調理の過程で水に浸けると身が締まってしまうので、つねに塩水に浸けて作業をする。その際必ず金属製のボウルで調理すること。（堀内）

ぐれーぷふるーつ／和え物

グレープフルーツと平貝ヨーグルトかけ

ここではタイラガイを使ったが、貝類はグレープフルーツとの相性がよいので、いずれの種類でも合うだろう。ふんわりと泡立てた生クリームを和え衣に加えて、ヨーグルトの酸味を和らげ、まろやかな味に仕上げた。（堀内）

苺とピスタチオの白和え

（3人前）
白和え衣
イチゴ　5個
ピスタチオナッツ　10粒
セルフイユ　3枚
食用花の花びら　3枚

◎白和え衣
木綿豆腐　1丁
白胡麻ペースト　18cc
濃口醤油　少量
砂糖　少量

1　提供時、イチゴは1／4に切り、ピスタチオナッツとともに白和え衣で和えて器に盛る。
2　セルフイユと食用花の花びらを飾る。

◎白和え衣
1　木綿豆腐を熱湯で3分間ほどゆでて、豆腐のにおいを和らげたのち、重しをかけて水きりをする。
2　1をフードプロセッサーでなめらかにし、白胡麻ペースト、濃口醤油、砂糖を入れてさらに回して味を調える。

無花果の胡麻トロ焼き

イチジク　1／2個
塩　少量
胡麻トロ
クリ　1粒
クチナシの実　少量
煮汁
（だし16：淡口醤油1：味醂1）
ギンナン　2粒
柿（さいの目切り）　2～3切れ
サヤインゲン　適量
浸し地
（だし12：味醂1：淡口醤油1）

◎胡麻トロ（4人前）
昆布だし　288cc
葛粉　36cc
白胡麻ペースト　36cc
濃口醤油　少量
砂糖　少量

1　イチジクは皮をむいて塩を少量ふり、天火で焼く。
2　クリは鬼殻と渋皮をむいて、クチナシの実を入れた水でゆでる。柔らかくなったら水に5分間さらしたのち、煮汁で炊く。
3　ギンナンは殻をはずし、油で揚げて薄皮をむく。油をきって塩をふる。
4　柿は皮をむいて、塩少量をふって天火で焼く。
5　サヤインゲンはゆでて水にとり、浸し地に浸けておく。
6　クッキングシートにイチジクと柿を並べて上から胡麻トロをかけ、天火で焼いて焼き目をつける。
7　器にイチジク、焼き目をつけたクリ、ギンナン、柿を盛りつけ、小口から刻んだサヤインゲンを散らす。

◎胡麻トロ
1　昆布だし、葛粉、白胡麻ペーストを鍋に合わせて10分間練って、柔らかい胡麻豆腐の生地をつくる。
2　仕上りぎわに濃口醤油と砂糖を加えて香りをつけ、味を調える。

金柑と赤なまこ酢

（6人前）

アカナマコ　1本
大根　1／4本
キンカン　3個
スダチ　6個
ナマコ割酢（だし450cc、スダチの絞り汁90cc、濃口醤油45cc、淡口醤油45cc、砂糖30g）

1　ナマコ割酢の材料を合わせておく。ナマコは生の香りを生かしたいので、ポン酢ではなく酸味のおだやかなスダチを使う。

2　アカナマコは両端のかたい部分を切り落とし、腹を上に向けて縦に包丁を入れて切り開く。ナマコのワタを取り除き、白い粘膜状のスジを骨抜きなどで掃除する。塩でもんで流水でサッと汚れを洗い流す。

3　**1**のナマコ割酢に薄切りにしたアカナマコを浸ける。

4　キンカンとスダチをスライスして種を取り除き、**3**の中に入れてアカナマコとともに2〜3日間浸ける。

5　提供時に大根をおろして**4**を和え、器に盛る。

グレープフルーツと平貝ヨーグルトかけ

（4人前）

グレープフルーツ　1個
タイラガイ　1個
和え衣　適量
ラディッシュ
食用花
セルフイユ

◎和え衣（つくりやすい分量）

無糖ヨーグルト　500g
生クリーム　100g
砂糖　20g
レモンの絞り汁　少量

1　グレープフルーツは皮をむいて、果肉を取り出しておく。

2　タイラガイは殻をはずし、塩水で洗って水気をふく。

3　提供時に**2**を炭火でサッとあぶり薄くスライスする。

4　**3**のタイラガイを**1**のグレープフルーツとともに器に盛り、和え衣をかける。ラディッシュ、セルフイユ、食用花を飾る。

◎和え衣

1　ボウルに生クリームと砂糖を入れて8割程度まで泡立てる。

2　ここに無糖ヨーグルトとレモンの絞り汁を加えて混ぜる。

すいか／焼物

豚肉とスイカのサルサソース

きざんだトマトのタレがかかった豚肉、と誰もが思うが、実はスイカ。スイカの歯応えのよさと甘さ、トウガラシのピリッとした辛み、各種ハーブの香りが豚肉によく合う。（江﨑）

すいか／焼物

スイカとズッキーニのソテー

ズッキーニとスイカをオリーブ油でソテーして、塩と黒コショウで調味。スイカのステーキのような料理。甘みのあるリンゴ酢をかけて、バランスをとった。スイカからは水分が出るので、提供直前にソテーする。（江﨑）

すいか／デザート

西瓜のゼリー寄せ

スイカを大きな丸に抜き、砂糖蜜のゼリーで寄せた初夏のデザート。大きな球状のスイカが食事の最後を印象づけてくれる。チョコレートの種とミントを散らして。（堀内）

すだち／デザート

菊花入り酢立ゼリー寄せ

菊花の色が映えるオレンジ色のゼリー。スダチの絞り汁のさわやかな香りを残すために、ゼリー液の粗熱がとれてから加えること。（堀内）

なし／和え物

秋鱧と梨 塩ポン酢和え

みずみずしいナシの淡い甘みと、こうばしく焼いた淡白なハモの相性は抜群。ハモをナシと大根でボリュームアップした。天に盛った巨峰は香りのアクセントに。（堀内）

ぱいなっぷる／デザート

パイナップルとゼリー 大葉とミントの風味

パイナップルと大葉の香りの相性はとてもよく、暑い夏の先付やデザートにもぴったり。材料はすべて充分冷やしておくこと。（江﨑）

豚肉とスイカのサルサソース

豚ロース薄切り肉　2枚
塩、黒コショウ、オリーブ油　各適量
スイカのソース（→15頁）大さじ2

1　豚肉に塩と黒コショウをふって、オリーブ油をひいたフライパンでサッと焼く。焼き目がつくまで焼くとかたくなってしまうので注意。火が通ればよい。

2　豚肉を器に盛り、スイカのソースをかける。

スイカとズッキーニのソテー

スイカ
ズッキーニ
黄ズッキーニ
丸ズッキーニ
オリーブ油　適量
塩、黒コショウ　各適量
リンゴ酢　少量

1　スイカは厚さ2cmに切る。フライパンを熱し、オリーブ油をひいて、両面に塩、黒コショウをふったスイカを入れる。少しこげめがついたら裏返して、中まで熱くなるように焼き上げる。

2　3種のズッキーニは輪切りにして、オリーブ油をひいたフライパンで焼く。塩と黒コショウで味を調える。

3　スイカとズッキーニを器に盛り、リンゴ酢を回しかけ、塩と黒コショウを散らして提供する。

西瓜のゼリー寄せ

スイカ
砂糖蜜ゼリー
（水400cc、グラニュー糖60g、板ゼラチン14g）
ミント
チョコレート

1　スイカを半分に切って果肉を大きな丸にくり抜く。種を取り除き、器に並べる。

2　砂糖蜜ゼリーをつくる。鍋に水、グラニュー糖を入れて温める。沸いたら水で戻した板ゼラチンを入れて溶かし、アクをすくって鍋ごと氷水にあてて冷やす。

3　ゼリー地が冷めたら、**1**の器に流して冷やし固める。ミントとチョコレートを散らす。

菊花入り酢立ゼリー寄せ

（10人前／14cm×11cm角の流し缶1台分）

白ワイン　400cc
スダチ酢　300cc
砂糖　325g
粉ゼラチン　40g
菊花　1パック
薄蜜（水180cc、砂糖18g）
ラム酒　キャップ3杯
スダチの絞り汁　3個分

1　菊花は花びらをむしって熱湯でサッとゆでたのち、水にさらしてアクを抜く。

2　薄蜜をつくり、**1**の菊花を浸けておく。

3　鍋に白ワイン、スダチ酢、砂糖を入れて火にかけて沸かし、水で戻した粉ゼラチンを加えて溶かす。

4　火からおろして**2**の菊花を絞って混ぜる。ラム酒を入れて香りをたてて、粗熱がとれたらスダチの絞り汁を加えてさわやかな酸味をつける。

5　流し缶に流して冷やし固め、提供時に切り出して盛りつける。

秋鱧と梨　塩ポン酢和え

（4人前）

ハモ（1kg）　1本
塩　少量
ナシ　1個
大根　1／2本
塩ポン酢*（煮きり酒1800cc、煮きり味醂900cc、スダチの絞り汁1800cc、昆布3枚、淡口醤油180cc）　20cc
巨峰　2粒
スダチ　1個
花穂紫蘇

*材料を合わせて1週間ねかせる。

1　ハモをおろして骨切りをする。串を打って塩をふり、炭火で焼いて一口大に切り落とす。

2　ナシ1／2個と大根を鬼おろしでおろす。残りのナシはいちょう切りにしておく。

3　ボウルに**1**のハモと**2**を合わせて混ぜる。塩ポン酢で味を調え、仕上げにスダチを絞る。

4　**3**を器に盛り、皮をむいてスライスした巨峰を天に盛り、ほぐした花穂紫蘇を散らす。

パイナップルとゼリー大葉とミントの風味

パイナップル（さいの目切り）　20g
大葉、ミント　各適量
ゼリー　80g
炭酸水　150cc

◎ゼリー

水　400cc
グラニュー糖　40g
粉ゼラチン　10g

1　パイナップルは皮をむいてさいの目切りにする。

2　グラスにパイナップルとくずしたゼリーを入れて炭酸水を満たす。

3　炭酸の泡が消えないように静かに混ぜて、みじん切りにした大葉を散らす。ミントを飾って提供する。

◎ゼリー

1　水とグラニュー糖を合わせて火にかけて溶かす。

2　ここに水で戻した粉ゼラチンを加えて溶かし、容器に移して冷やし固める。

モモと新生姜の酢の物 豚肉しゃぶ添え

フレッシュのモモと新ショウガはさわやかな組み合せ。甘酢で一緒にサッと炊いた。ショウガと相性のよい豚肉の湯引きを添えて。（堀内）

モモ　1個
新ショウガ　1節
豚肩ロース肉　3枚
甘酢（リンゴ酢180cc、水270cc、グラニュー糖50g、塩3g）
ミント

1　モモは皮をむいて半分に切って種を取る。新ショウガは薄切りにしておく。

2　豚肩ロース肉は湯引いて冷水に落とし、水気をきる。

3　甘酢の材料を合わせて火にかける。温まったら**1**のモモを入れる。落し蓋がわりに**1**の新ショウガを上にかぶせ、すぐに火を止めて余熱でモモに火を入れる。柔らかくなったら鍋ごと氷水にあててすぐに冷やす。

4　モモと新ショウガを器に盛り、豚肉を添える。ミントを飾る。

りんご／焼物

鰆のグリーンピース焼き 焼リンゴを添えて

魚介類とフルーツは意外に相性がよい。焼いて甘みを凝縮したリンゴを脂ののったサワラに合わせた。（江崎）

りんご／造り

ル・レクチェ、京人参、帆立とりんご酢ジュレ

刺身醤油ではなく、自然な甘みのあるフレッシュなリンゴのジュレで食べていただく新感覚の造り。エビとホタテガイの甘みが、リンゴの甘みとよく合う。ピーラーでむいた金時ニンジンとキュウリで華やかに演出。（堀内）

鰆のグリーンピース焼き 焼リンゴを添えて

サワラ（切り身）　80g
塩　適量
グリーンピース　20粒
煮汁
（だし15：淡口醤油1：味醂1）
葛粉　適量
焼リンゴ

◎焼リンゴ
リンゴ　3切れ
砂糖*　適量

＊リンゴが蜜入りで甘みが強ければ不要。

1　グリーンピースはサヤから取り出して熱湯でサッとゆでて水にとる。煮汁を合わせ、グリーンピースを入れて温める。

2　サワラは塩をふって皮目から焼く。途中で裏返して、この段階で中まで火を入れておく。皮側に温かい**1**のグリーンピースをのせて、天火で焼き目をつける。

3　**1**の煮汁を沸かし、水で溶いた葛粉を溶き入れてとろみをつけて餡をつくる。

4　器に熱い焼リンゴを盛り、**3**の餡をかける。上にサワラを盛って提供する。

◎焼リンゴ

1　リンゴは皮をむいて10等分のくし形に切って砂糖をまぶす。

2　中温のフライパンでリンゴを焼く。途中で何度か裏返しながら、うっすら焼き色がつくまで焼く。

ル・レクチェ、京人参、帆立とりんご酢ジュレ

（2人前）
ホタテガイ　1個
アシアカエビ　1本
洋ナシ（ル・レクチェ）　1個
金時ニンジン　1本
キュウリ　1本
リンゴ、ラディッシュ
リンゴジュレ
菊花、へぎユズ、花穂紫蘇

◎リンゴジュレ（4人前）
リンゴ甘酢（リンゴ酢180cc、水270cc、砂糖100g、塩6g）　250cc
粉ゼラチン　8g
リンゴ（すりおろし）　30g

1　ホタテガイは殻をはずして掃除し、貝柱を取り出す。

2　ホタテガイとアシアカエビを80℃の湯にくぐらせて氷水にとり、水気をふき取る。

3　金時ニンジンは花にむいて薄切りにする。一部は紅葉型で抜いて薄切りにする（↓199頁）。残った金時ニンジンとキュウリはピーラーで薄く長くむき、水に放つ。洋ナシとリンゴはくり抜き器で丸くくり抜く。ラディッシュは蛇の目にする。

4　器にリンゴジュレをくずして流し、ホタテガイとアシアカエビ、洋ナシ、リンゴを盛り、金時ニンジンとキュウリ、ラディッシュをあしらい、菊花、へぎユズ、花穂紫蘇を散らす。

◎リンゴジュレ

1　リンゴ甘酢の材料を合わせて温めて砂糖を溶かす。砂糖が溶けたら、水で戻した粉ゼラチンを溶かして冷ます。

2　冷めたら、すりおろしたリンゴを混ぜて冷やし固める。

第2章
野菜調理の基本

基本的な野菜の切り方（堀内）

●基本の形

日本料理の基本的な野菜の切り方を紹介。大きさや厚さは、それぞれの料理や器の大きさに応じて調整する。繊維に沿ったり、断ち切ったりと、野菜に応じた形に切り整えると、おいしさも倍増し、盛りつけも美しくなる。

「輪切り」

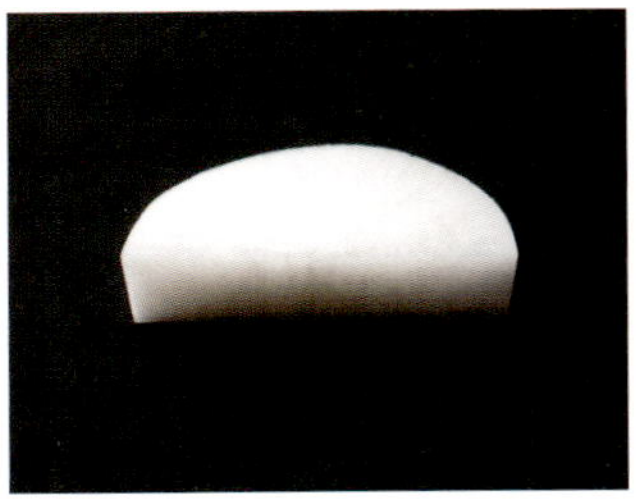

「半月切り」

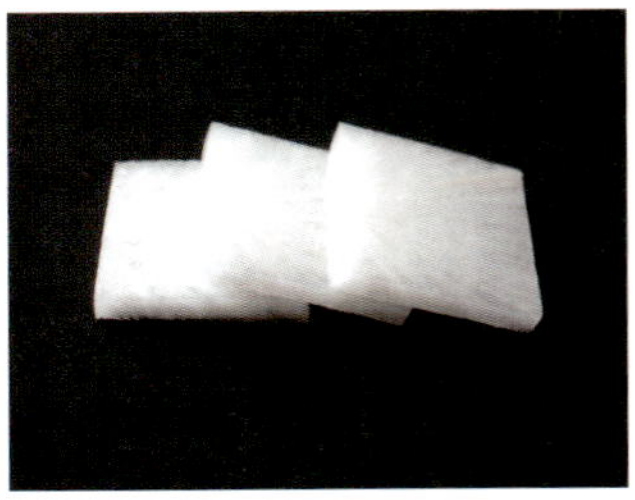

「色紙切り」

「短冊切り」

「拍子木切り」

「千六本」

「せん切り」

「さいの目切り
あられ切り
みじん切り」

色紙切り以降の切り方は、縦横の長さが等しい角形から切り出していくとうまくいく。このベースとなる角形のつくり方をダイコンを使って紹介する。

1　まず必要な厚さに切る。

2　大根を立てて四隅を切り落とす。

3　角形に切った大根。必要な形に応じてここから切り出していく。

●桂むき

桂むきは野菜のむきものの基本となる包丁づかいだ。大根でつくるのが一般的だが、その他の野菜においても皮をむいたり、けんをつくるときには必要な技術なので、マスターしておきたい。最初は短めに切った大根で包丁をなめらかに動かす練習をするといいだろう。薄く透けるような桂むきを目指す。

1　大根を12～13cm程度の長さに切り落とし、皮を厚めにくるりとむき取る。

2　皮をむき取ったら続けて桂むきに入る。向こうが透き通るくらい薄く。

3　左手の親指で大根の中ほどを押さえて大根を回す。右手で包丁の柄を握り、人差し指の側面で包丁の峰を押して、真っ直ぐ上下に刃を動かして切り進める。右親指は刃の角度を保って、厚さを調整する役目。肩から腕、手に力を入れずなめらかに動かす。

4　むき終えた端から軽く巻いておく。

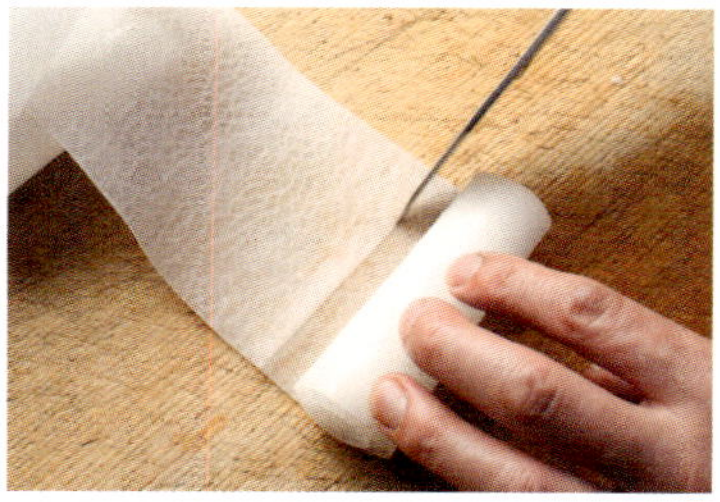

5　必要に応じて適当な長さで切る。

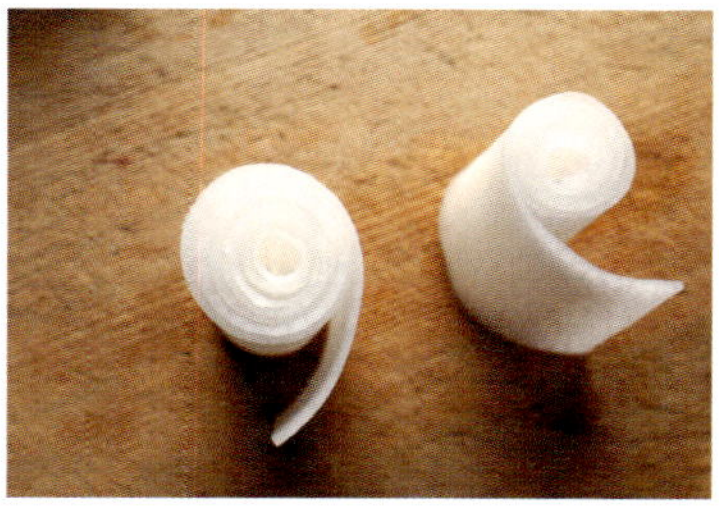

6　この状態で、水に浸けておく。

桂むきのポイント

常に均等な厚さでむいていく。円柱形がゆがまないように。

大根の縁と包丁の刃の角度は90度を保つと上手にむける。

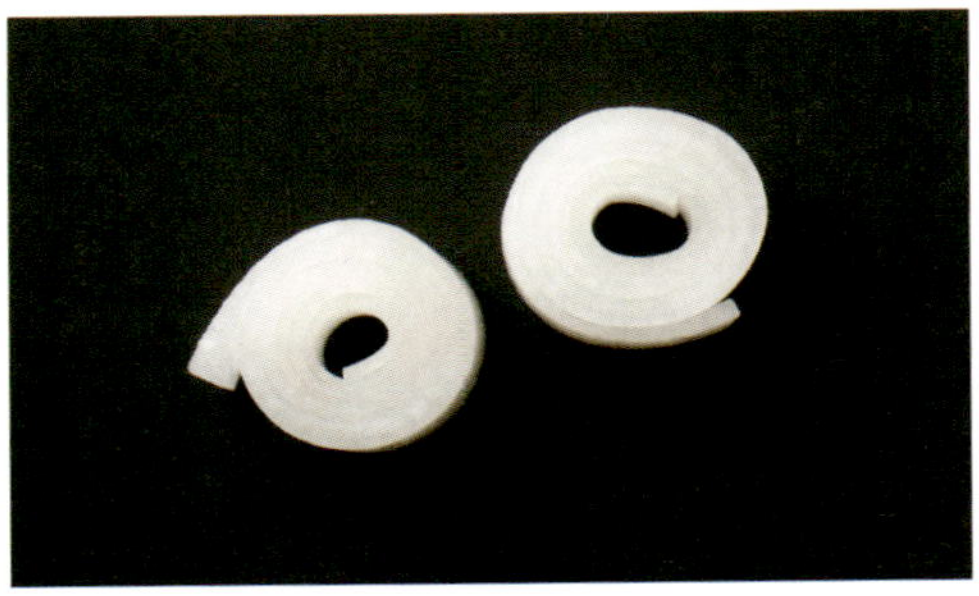

「巻大根」

刺身などのあしらいに。

少し厚めに桂むきした大根を小口から切る。

「けん」

桂むきにした大根をせん切りにしたもので、刺身に添える。

繊維に沿って切ると縦けんに、繊維を断つように切ると横けんになる。縦けんはスッと真っ直ぐ立ち上げることができる。シャキシャキした食感が特徴。一方横けんはふんわりと柔らかくまとまる。

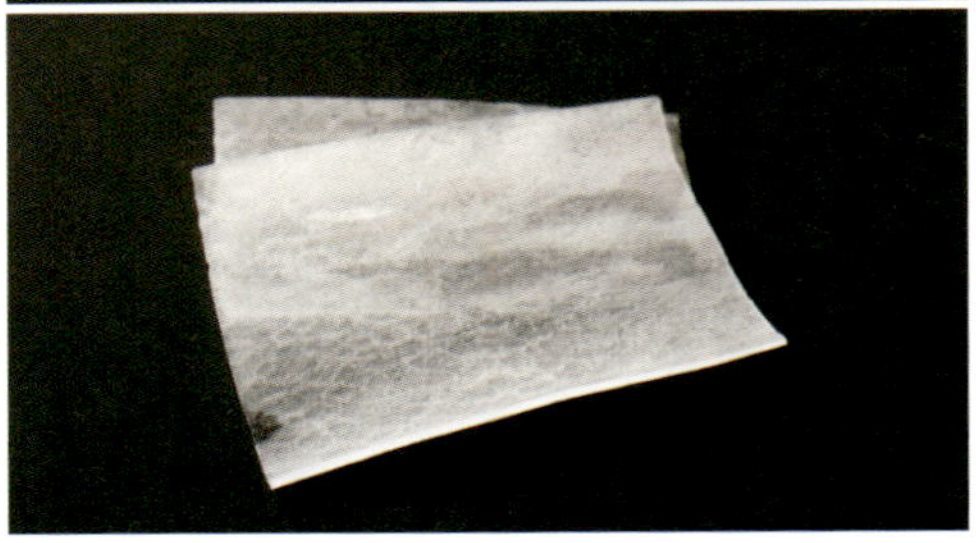

「奉書大根」

桂むきした大根を利用して、刺身などの掻敷に。

桂むきした大根を必要な長さに切る。

「より野菜」

大根のほかに、ニンジン、キュウリ、カボチャなどでつくることができる。刺身などのけん、あしらいに。

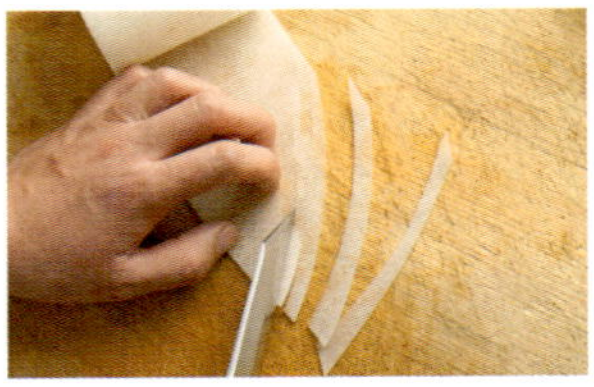

1　カーブをつけて斜めに引き切りにする。

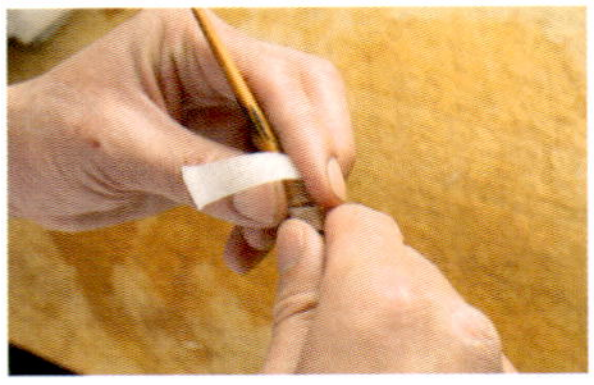

2　丸い箸や串などを利用してらせんに巻きつける。

より野菜のアレンジ

1　片方の端をつなげたまま2枚に切り、一緒にらせんに巻く。

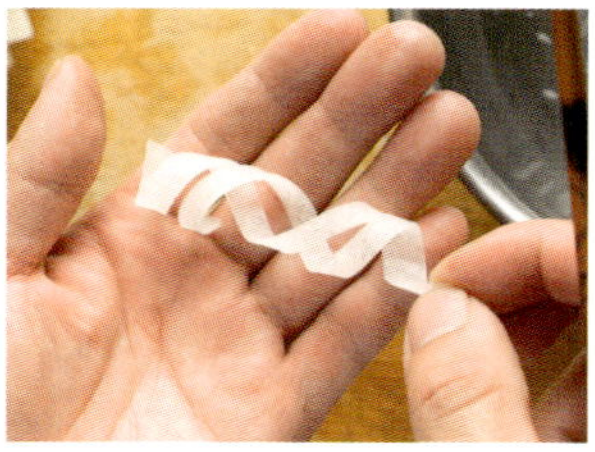

2　より複雑で華やかな雰囲気のより野菜ができる。

3　しっかりと巻いてよりを強める。

4　箸をはずして氷水に放つ。

●むきもの・飾り切り

「錨防風」

刺身などのあしらいに。

1　ボウフウの茎の溝に針を刺して引き抜いて割る。

2　90度回して同じ要領で茎を針で割る。

3　4つに割った状態。

4　これを水に放つと茎が丸まる。

「唐草大根」

唐草のような形なので、唐草大根と呼ぶ。刺身や椀物のあしらいなどに。大根の茎はなるべく真っ直ぐな部分を用意するとよい。

1　大根の茎を利用する。適当な長さに切る。

2　茎の内側のくぼんでいるほうを下に向けて、斜めに細かく切り目を入れる。下ぎりぎりまで切る。なれないときは、細い楊枝や串などを向こう側にあてて、深さを保つとよい。

3　切り目を入れたら縦に薄く切る。

4　水に放って2時間ほどおくと、くるりと巻いて唐草模様ができる。

「巻ウルイ」

色合いも淡く春先のあしらいにぴったり。縦長に切って水に放つだけでくるりと巻いて盛りつけが華やかになる。

1　ウルイの葉から茎に向かって縦に細く切る。

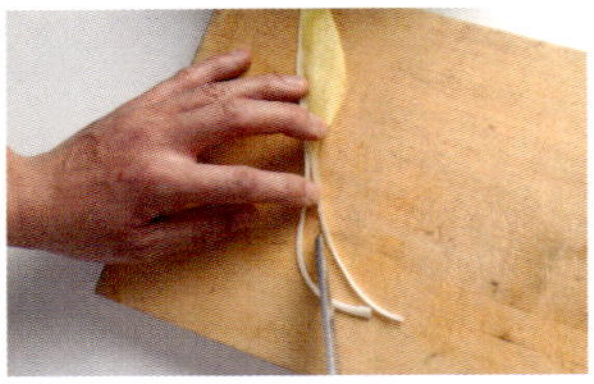

2　2～3等分に切る。

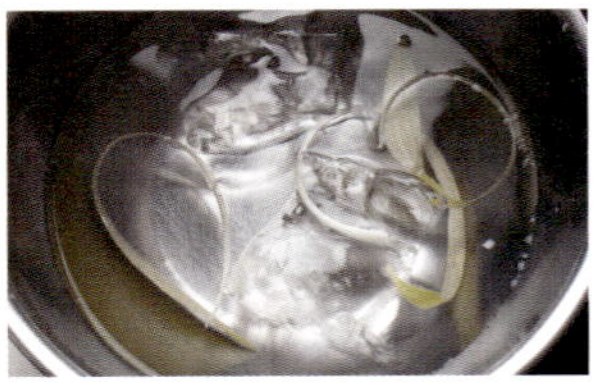

3　水に放ってしばらくおくとくるりと巻く。

「花びら人参」

刺身や吹き寄せ、煮物や椀物などのあしらいに。大根やカブ、カボチャなどでも同じようにつくることができる。

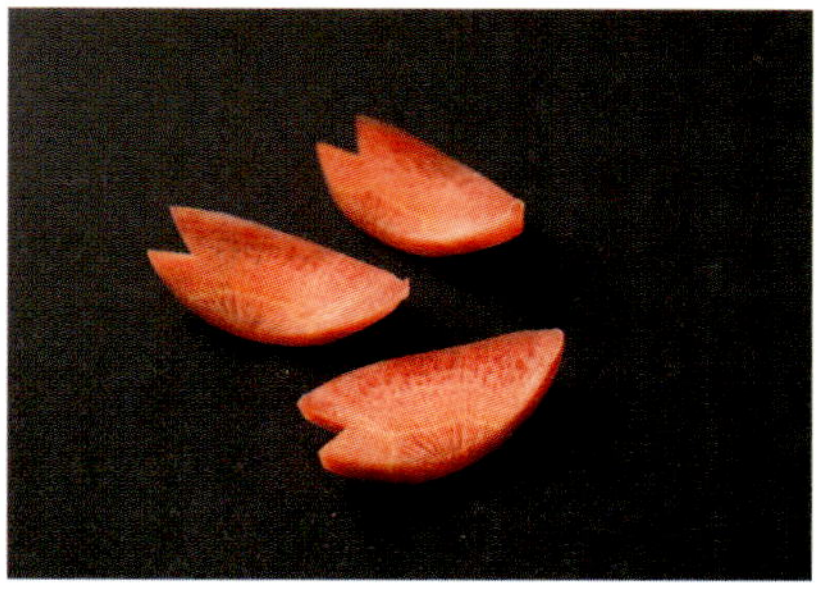

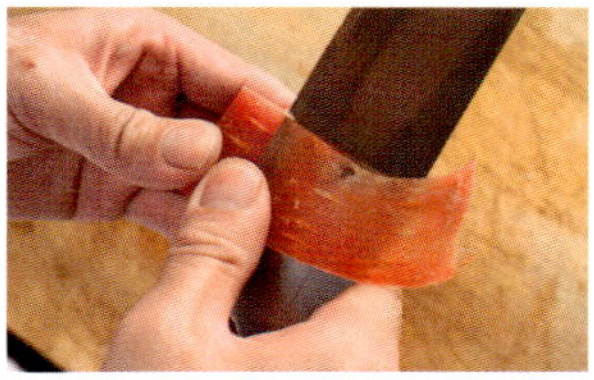

1　5cm ほどの長さに切って、桂むきの要領で皮をくるりと丸くむく。

2　縦半分に切って、中心からずらして斜めに切り落とす。

3　これが基本の形。

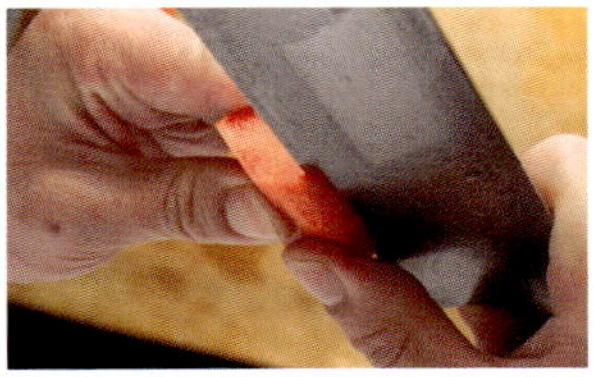

4　花びらの形になるように、角をむき取る。

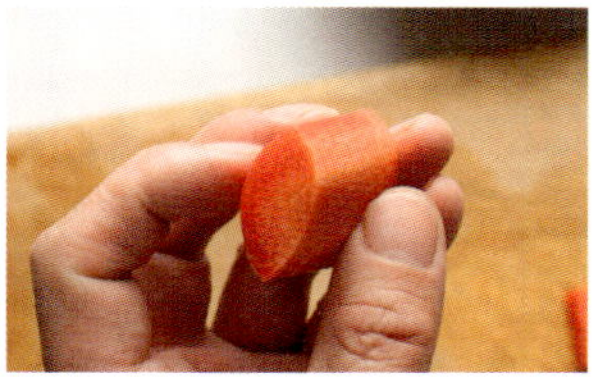

5　花びらに形を整えてむいたところ。

6　花びらの縁を V 字に切る。

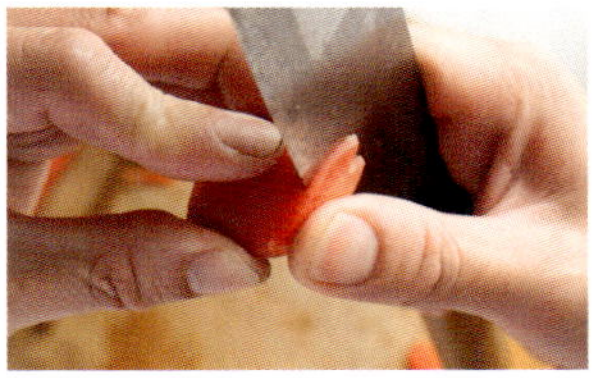

7　丸くカーブをつけて薄くむく。

「紅葉人参」

用途は花びら人参と同様。花びら人参は春、紅葉人参は秋の料理に。

1　ニンジンを厚めに桂むきする。

2　抜き型で抜き取る。

「ねじり梅」

用途は花びら人参と同様。

1　花びら人参 1 と同様に円柱形に形を整えて、縁だけを五角形に落とし、包丁を入れる目安をつける。

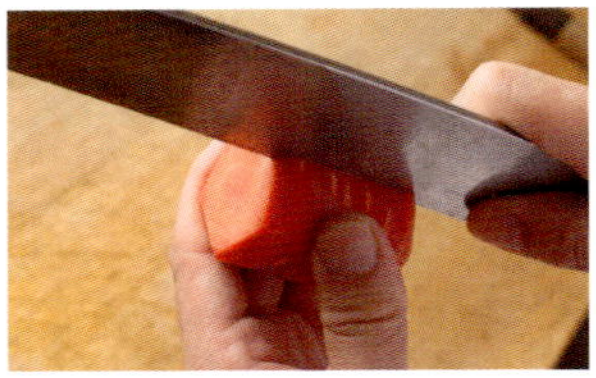

2　角に真っ直ぐ1本切り目を入れる。

3　この切り目を中心とし、両側から切り目に向かって包丁を入れてV字に切り抜く。

4　5箇所を切り抜いたら、梅の花びらをかたどって丸くむく。

5　梅花形に切り抜いたニンジン。

6　8～10mmほどの厚さに切り、ニンジンの中心に向かって切り目を5本入れる。縁のほうから包丁を入れる。縁は深く中心にいくにしたがって浅く切る。

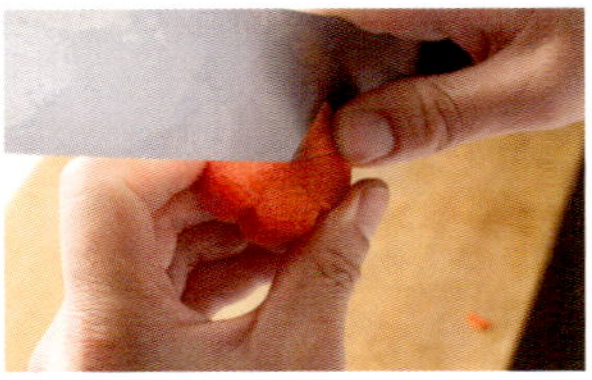

7　6 の切り目に向かってすき取る。時計回りに一方向にむく。

8　花びらを立体的に丸くするために反対側からも角をすき取る。

「蛇の目胡瓜」

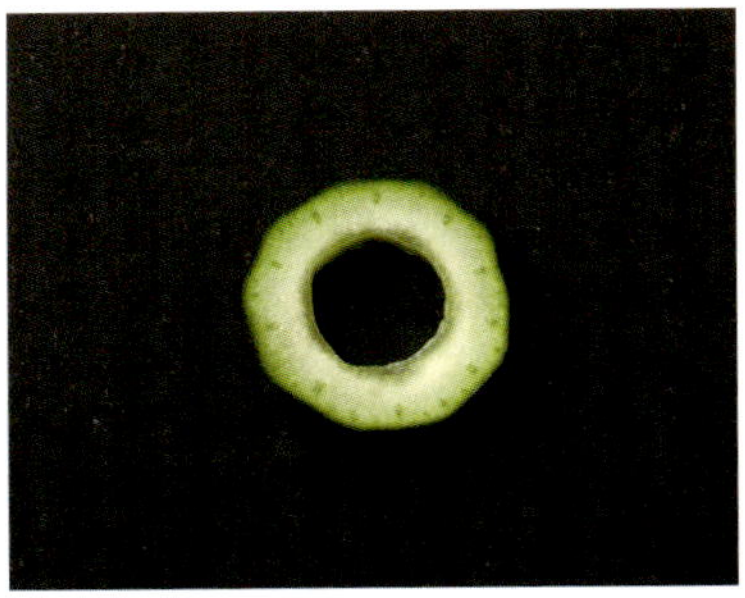

1　胡瓜を長さ2～3cmに切って、筒抜きで芯を抜く。

2　2～3mmの厚さに切る。

●タケノコの切り方

タケノコは根元、穂先、姫皮という部位があるが、それぞれ風味も食感も違う。ここではタケノコの持ち味を生かせるような切り方の一例を紹介する。

1　アク抜きをしたタケノコを用意する。まず縦半分に切る。

2　穂先ぎりぎりのところで切る。

3　皮をむく。

4　箸を使って残った皮をきれいにこすり落とす。

5　根元の突起を桂むきの要領でむき取る。

6　根元は半月切りにする。

7　穂先はくし形切りにする。

8　皮の内側を上に向けて、柔らかい姫皮だけにあたるように包丁を入れて姫皮をせん切りにする。

野菜の基本調理（野﨑）

野菜には決まった形がないし、繊維の入り方や、主たる成分も異なる。長いもの、丸いもの、層になったもの、細いものなどさまざまな形があり、繊維質のもの、デンプン質に富んだものなど性質もまちまちだ。こうした違いを生かすために、日本料理独自の加熱調理法がある。その工程の一例を紹介する。

●管牛蒡

ゴボウの内側をくり抜いたものを管牛蒡という。ゴボウは内側と外側では食感が違う。加熱すると外側は歯応えよくシャキシャキしているが、内側は柔らかくなってしまう。日本料理では歯応えと香りのよい外側だけを使うことが多いので、内側を抜いて用いる。

管牛蒡はゴボウの太さによって用途が違い、太い部分は中に詰め物を射込むのに適している。一方細い部分は炊き合わせや椀種に向く。くり抜く作業工程は太さによる違いはないが、炊き合わせや月冠など仕上がりの形を重んじる場合は、くずれないように抜いた内側を中に詰めたまま加熱して、盛りつけ時に抜くといいだろう。

1　4～5cmに切り揃える。左は太い部分。右は比較的細い部分。

2　1つかみの米糠を入れた水を沸かし、ゴボウを入れる。

3　ゴボウに串を刺してみて、柔らかくなったのを確認する。柔らかくなったらゆでこぼす。

4　ゴボウが温かいうちに、水をかえて再び火にかけてゆでる。これは米糠臭さを抜く作業。

5　写真程度まで一煮立ちしたら冷たい水にとる。

6　下ゆでしたゴボウ。

7　ゴボウの内側に細い金串を真っ直ぐ5mmほど刺して内径に沿って動かす。

8　1周したら、少しずつだんだん深くしていく。

9　半分ほどの深さまで抜いたら、管の反対側からも同様に金串で抜いていく。

10　内側のゴボウが抜けた。

11　細い部分も同様。まず片側から少しずつ深く串を進め、半分まで抜けたら反対側から抜いていく。

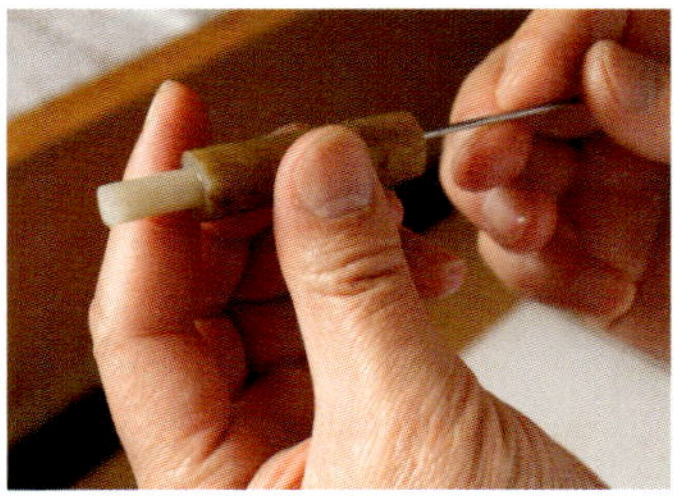

12　内側を押して抜き取る。

13　中を抜いた管ゴボウ。加熱および保存時は抜いた内側を戻しておくと形が保てる。

●面とり

根菜類を煮炊きするとき、切った角を落としておくと、見栄えがよくなる。くずれると盛りつけが美しくなくなるし、煮汁がにごってしまう。

1　輪切りにしたダイコンの周りを削ってなめらかにする。

2　面とりをしたダイコン。

●青菜のゆで方と浸し方

青菜を下ゆでするときは、たっぷりの熱湯を沸かし少量ずつ何回かに分けてゆでていく。一度に大量に投入すると湯の温度が下がってしまい、色よくゆでることができなくなるからだ。ゆでたのち、だしなどの浸し地に浸けて野菜の色をきれいに保ち、下味をつけておく。

青菜に限らず、野菜は下ゆでしたのち、水気をきって浸し地に浸けて水っぽさを抜いて味を含ませておくことが多いのだが、これは仮浸けと本浸けという2段階の作業で行なう。野菜から出てくる水分で浸け地が薄くなるため、まず仮漬けをして水っぽさを抜き、そのあとに本浸けをして充分味を含ませていく。

1　湯を沸かし、湯の2%の塩を入れ、青菜を3～4株とって根元から湯に入れる。

2　20秒ほどたったら、全体を湯に沈めて20秒ほど箸で泳がせる。

3　すぐに氷水にとって急冷する。（色どめ）

4　水気をきって揃え、巻き簾で巻いて水気を絞ると、折らずにきれいに揃う。

5　巻き簾をはずす。

6　長さのある容器に真っ直ぐに青菜を入れて、冷たい昆布立てをかぶるくらい注ぐ。（仮浸け）

7　巻き簾で水気をきる。

8　もう一度容器に移して、新しい昆布立てを注いで15分間以上おく。（本浸け）

昆布立てのつくり方

昆布立てとは、昆布を差した塩水のこと。調味料が塩だけなので、色をつけることなく旨みと塩味を含ませることができる。

1　水1リットルに昆布15gを入れる。

2　ここに大さじ1の塩を加えて中火にかける。塩が溶けたらこのまま冷ます。

●花菜の下ゆで（おか上げ）

ブロッコリーや菜花などのアブラナ科の花菜類は、熱湯でグラグラゆでると持ち味である辛みが失われてしまうので、70℃（野菜の酵素が動く温度帯）に2分間浸してからザルに上げてウチワであおいで冷ますとよい。

1　沸騰した湯1リットルに水350ccを加えると80℃になる。

2　ここに房に分けたブロッコリーを入れると70℃に温度が下がる。

3　70℃を保って2分間ゆでる。水面が静かにゆらぐ程度が70℃の目安。

4　ザルに上げてウチワであおいで冷ます。このように水にとらない方法を「おか上げ」という。

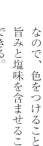

●里芋の煮含め方

サトイモやエビイモなどのイモ類を煮含めるときは、まず米糠で下ゆでしてから、糠臭さを抜いたのちに味をつけていく。米糠にはデンプン質を柔らかくする酵素があるので、この力をイモ類や根菜類の下ゆでに利用する。なお、サトイモは皮についた土をタワシで洗ったのち、乾かさずに水に浸けておくと皮をむきやすくなる。

1　サトイモは六方に皮をむく。天地を切って高さを揃え、6等分の目安をつけて皮をむいていく。

2　鍋にサトイモ300gを重ならないように並べて、水を1.5リットル加える。

3　ここに30gの米糠を入れて火にかける。沸騰するまで強火で。

4　沸いたら煮くずれしないように、イモが動かない程度に火を弱める。

5　ポコッ、ポコッと水面が動く程度の火加減（写真）。

6　串を刺して火の通り具合をみる。8割程度まで火を通す。串は通るが、ややかためのアルデンテ程度。

7　8割火が通ったらきれいな湯の中に移して火にかけ、糠臭さを抜く。水ではなく湯に移すこと。水ではイモの中に水分が吸い込まれてしまい、このあとの味がしみにくくなる。

8　アクが浮いたら取り除く。10分間ほど加熱する。

9　イモを別の鍋に重ならないように移し、だし500ccを注ぎ、塩小さじ0.5、酒5cc、味醂80cc、煮干し少量で味をつけて強火にかける。

10　沸いたら火を弱めてアクを取り、水面がゆらぐくらいの火加減（80～90℃）で20～30分間煮る。この程度の火加減であれば、だしはほとんど減らない。

11　最後に淡口醤油5ccを加えて香りをつけて10分間煮て火を止める。味が足りなければ塩で調節する。

著者紹介

野崎洋光

1953年福島県石川郡古殿町生まれ。武蔵野調理師学校を卒業後、東京グランドホテルの和食部に入社。5年の修業を経て八芳園に入社して修業を積む。1980年、東京・西麻布「とく山」の料理長に就任。1989年に「分とく山」を開店し、総料理長となる。2003年、南麻布に移転し現在に至る。著書は数多く、1年に5、6冊のペースで出版する。テレビや雑誌などにも多数登場。古くからの食文化を尊重しつつ、つねに時代に即した新しい調理方法を追求している。

分とく山
東京都港区南麻布5―1―5
電話03―5789―3838

江﨑新太郎

1962年東京生まれ。大学卒業後、かねてより興味のあった料理の世界に進み、東京・赤坂の料亭「山崎」（現在閉店）で修業を開始する。1994年、東京・青山に「青山えさき」を開店（2005年、同・外苑前に移転）。懐石料理をベースに、関東の日本料理や世界各国の料理のエッセンスも取り入れた独自の「えさき料理」を確立し、『ミシュランガイド東京』では7年連続で三ツ星を獲得する。2018年10月、自然豊かな八ヶ岳山麓に移転し、「八ヶ岳 えさき」（山梨・北杜市）を開店。

八ヶ岳 えさき
山梨県北杜市大泉町谷戸
5771―210
電話0551―45―8707

堀内　誠

1977年山梨県富士吉田市生まれ。織田調理師専門学校を卒業後、株式会社濱家に入社し、日本料理の修業を始める。その後、天王洲アイルの「橘」「ラピュタ」に移り、橘俊夫氏の師事を受ける。足掛け13年の修業を経て、2011年、東京・池尻大橋に「旬菜おぐら家」を開店する。物件が決まり、開業したのが、東日本大震災直後の3月というきびしい状況を越え、地域の顧客も順調に定着。2016年8月、道を挟んで斜め向かいに増床移転した。趣味は器収集。とくに江戸時代の古い器などを好んで集めている。

旬菜おぐら家
東京都世田谷区池尻2―31―18
ライム池尻大橋 2F
電話03―3413―5520

やさい割烹

日本料理の「野菜が８割」テクニック

初版発行　2016年 9 月10日
４版発行　2022年 2 月10日

著者©　野﨑洋光　江﨑新太郎　堀内 誠

発行者　丸山兼一

発行所　株式会社柴田書店
〒113－8477
東京都文京区湯島３－26－９ イヤサカビル
電話　営業部03－5816－8282（注文・問合せ）
書籍編集部03－5816－8260
https://www.shibatashoten.co.jp

印刷・製本　凸版印刷株式会社

ISBN 978-4-388-06245-4
Printed in Japan